Proceedings of Bachelor Majors in Hospitality Management (Ⅱ)

酒店管理专业本科生论文集

(第二辑)

主编 冉小峰

北京·旅游教育出版社

本书受北京市财政项目"本科生培养—人才培养模式创新试验项目—国际化旅游酒店管理人才培养模式创新（394007/001）"资助。

前言

高等学校的毕业论文工作是教学计划的重要组成部分,是实现人才培养目标的重要教学环节,是检查教育质量的重要方面,也是衡量学生毕业与学位资格认证的重要依据。通过撰写毕业论文,将使学生初步掌握科研方法,培养学生运用所学知识解决问题的能力,培养学生的创造意识。无论从检验四年大学教学效果,还是从课堂教学或实践教学中发现优势与缺憾来说;无论从提高学生综合分析能力、解决实际问题能力和认识社会能力,还是从检验、提高和规范教学管理状况来看,毕业论文的重要地位和作用都非常重要。

这本《酒店管理专业本科生论文集(第二辑)》是从学院最近三届毕业论文中择优选出的,并进一步编辑加工,集结成册。

编辑本书的目的在于进一步推动我院对毕业论文工作的规范化管理,进一步提高毕业论文的质量,激励广大学生和教师认真参加毕业论文这一重要的教学环节,在今后的学习和工作中涌现出更多的优秀成果。

目 录

论文一 "80 后"酒店女性员工工作—家庭冲突及其对职业倦怠的影响 ·················· 1
  1 研究背景及意义 ·· 2
    1.1 研究背景 ·· 2
    1.2 研究意义 ·· 3
  2 文献综述 ·· 4
    2.1 概念的界定 ··· 4
    2.2 理论基础 ·· 6
  3 研究方法 ·· 7
    3.1 无结构访谈法概述 ··· 7
    3.2 扎根理论方法概述 ··· 8
  4 研究过程 ·· 8
    4.1 数据的收集 ··· 8
    4.2 数据分析 ·· 10
    4.3 文献比较与讨论 ·· 15
    4.4 研究结论 ·· 18
  5 对策与建议 ··· 19
    5.1 转变传统观念 ··· 19
    5.2 做好自身与家人的角色认同工作 ··· 19
    5.3 确保与家人的沟通顺畅 ··· 19
    5.4 将压力转化为动力 ··· 20
  6 总结与展望 ··· 20
    6.1 总结 ·· 20

6.2 不足与展望 ……………………………………………………………… 20
参考文献 …………………………………………………………………… 21

论文二 关于中国高星级酒店践行弹性用工的可行性分析
——以北京高星级酒店为例 …………………………………… 23
1 导论 ………………………………………………………………………… 25
   1.1 研究背景 ……………………………………………………………… 25
   1.2 研究内容 ……………………………………………………………… 26
   1.3 研究思路与方法 ……………………………………………………… 26
   1.4 研究的创新意义 ……………………………………………………… 26
   1.5 研究框架 ……………………………………………………………… 27
2 酒店行业背景介绍 ………………………………………………………… 28
   2.1 中国酒店业经营现状 ………………………………………………… 28
   2.2 酒店人力资源管理环境 ……………………………………………… 29
   2.3 小结 …………………………………………………………………… 32
3 关于"弹性工作"的理论综述 …………………………………………… 32
   3.1 弹性工作的发展演变与概念理解 …………………………………… 32
   3.2 弹性用工制度的形式与分类 ………………………………………… 34
   3.3 弹性工作的优缺点与可行性理论分析 ……………………………… 40
   3.4 小结 …………………………………………………………………… 43
4 研究设计与方法 …………………………………………………………… 43
   4.1 研究思路 ……………………………………………………………… 43
   4.2 实证研究设计 ………………………………………………………… 44
   4.3 构建工作弹性分类研究模型 ………………………………………… 46
   4.4 小结 …………………………………………………………………… 47
5 研究发现与讨论 …………………………………………………………… 48
   5.1 酒店的弹性用工情况 ………………………………………………… 48
   5.2 酒店经理人对弹性用工的态度 ……………………………………… 52
   5.3 小结 …………………………………………………………………… 53
6 总结 ………………………………………………………………………… 53
   6.1 主要研究结论与贡献 ………………………………………………… 53
   6.2 研究局限性及后续研究 ……………………………………………… 54

参考文献 ………………………………………………………………………………… 55

论文三　人格特质和主管领导行为对"80 后""90 后"酒店员工职业价值观的影响研究
　　——以北京市高星级酒店为例 ……………………………………………………… 59
　　1　绪论 ……………………………………………………………………………………… 62
　　　　1.1　问题的提出 ……………………………………………………………………… 62
　　　　1.2　研究意义 ………………………………………………………………………… 63
　　　　1.3　研究思路 ………………………………………………………………………… 64
　　2　理论基础与研究方法 ………………………………………………………………… 64
　　　　2.1　相关概念的界定 ………………………………………………………………… 64
　　　　2.2　研究综述 ………………………………………………………………………… 69
　　　　2.3　研究方法 ………………………………………………………………………… 70
　　3　研究设计 ………………………………………………………………………………… 71
　　　　3.1　研究对象 ………………………………………………………………………… 71
　　　　3.2　研究假设 ………………………………………………………………………… 71
　　　　3.3　研究变量 ………………………………………………………………………… 72
　　　　3.4　施测以及数据采集 ……………………………………………………………… 76
　　4　实证检验和结果分析 ………………………………………………………………… 76
　　　　4.1　问卷信度和问卷效度的检验 …………………………………………………… 77
　　　　4.2　"80 后""90 后"酒店员工职业价值观的特点 …………………………… 79
　　　　4.3　"80 后""90 后"酒店员工的职业价值观与主管领导行为和人格特质的
　　　　　　　相关性分析 ……………………………………………………………………… 80
　　　　4.4　回归效应检验 …………………………………………………………………… 83
　　5　结论与建议 ……………………………………………………………………………… 90
　　　　5.1　研究结论 ………………………………………………………………………… 90
　　　　5.2　建议与措施 ……………………………………………………………………… 91
　　　　5.3　研究展望 ………………………………………………………………………… 92
　　参考文献 ………………………………………………………………………………… 92

论文四　自媒体对旅游者信息搜索行为的影响研究 …………………………………… 94
　　1　绪论 ……………………………………………………………………………………… 96
　　　　1.1　选题背景 ………………………………………………………………………… 96

1.2	研究意义	97
1.3	研究目标	98
1.4	研究思路	98
1.5	创新之处	99
2	文献综述	99
2.1	自媒体内涵及特征	99
2.2	消费者购买决策过程相关研究	100
2.3	消费者信息搜索行为相关研究	101
2.4	旅游信息搜索行为相关研究	101
3	研究方法	102
3.1	文献分析法	102
3.2	问卷调查法	103
4	问卷分析	105
4.1	样本基本信息	105
4.2	数据统计及分析	107
4.3	各因素对信息搜索行为的影响分析	111
5	结论及启示	115
5.1	研究结论	115
5.2	管理启示	116
5.3	研究局限性	117
参考文献		117

论文五 共享经济条件下服务提供方参与动机研究
——以"回家吃饭"为例 …… 120

1	总论	122
1.1	研究背景	122
1.2	研究价值及目标	122
1.3	研究方法	123
1.4	研究思路	123
1.5	研究创新	124
2	文献综述	124
2.1	共享经济	124

2.2　马斯洛需求层次理论 ……………………………………………… 126
　　2.3　文献评述 …………………………………………………………… 127
　3　研究方法 ………………………………………………………………… 128
　　3.1　研究方法说明 ……………………………………………………… 128
　　3.2　基于访谈法的研究 ………………………………………………… 128
　4　结论与展望 ……………………………………………………………… 132
　　4.1　研究结论与建议 …………………………………………………… 132
　　4.2　研究局限性与展望 ………………………………………………… 133
　参考文献 …………………………………………………………………… 133

论文六　共享经济中服务提供方遇到的挑战以及解决对策探讨
——基于"回家吃饭"平台的研究 …………………………………… 134
　1　引言 ……………………………………………………………………… 135
　　1.1　研究背景 …………………………………………………………… 135
　　1.2　研究价值 …………………………………………………………… 136
　　1.3　研究方法 …………………………………………………………… 137
　　1.4　研究思路 …………………………………………………………… 137
　2　文献综述 ………………………………………………………………… 138
　　2.1　共享经济 …………………………………………………………… 138
　　2.2　顾客导向理论 ……………………………………………………… 141
　　2.3　文献小结 …………………………………………………………… 142
　3　访谈研究 ………………………………………………………………… 142
　　3.1　研究方法 …………………………………………………………… 142
　　3.2　基于访谈法的研究 ………………………………………………… 143
　4　讨论 ……………………………………………………………………… 147
　　4.1　对策与建议 ………………………………………………………… 147
　　4.2　研究局限与展望 …………………………………………………… 149
　参考文献 …………………………………………………………………… 150

论文一
"80后"酒店女性员工工作—家庭冲突及其对职业倦怠的影响

(**编者语**:本文以角色冲突理论、边界理论和溢出与补偿理论为基础,采用扎根理论的研究方法,通过对10名"80后"酒店女性员工的深度访谈以及对访谈资料的编码分析,得出了与以往定量研究有一定差异的结论,并对产生差异的原因进行了分析。在此基础上提出了有针对性的对策与建议。)

指导教师: 吕勤

作　　者: 陈思伊

专　　业: 酒店管理专业

完成时间: 2014年4月5日

内容摘要

随着社会的发展,男女社会分工已经发生变化,越来越多的女性开始进入职场,个体的家庭结构也随之从"男主外、女主内"的传统模式变为双职工家庭。酒店以其"服务型行业"的特点也使女性成了其劳动力的主力军。然而,酒店行业的工作特征使得女性员工必须面对巨大的工作—家庭冲突。而"80后"女性员工大多准备怀孕或刚刚产子,其家庭还处于不稳定状态,因此"80后"酒店女性员工面对的工作—家庭冲突尤为严重。而该冲突产生的压力可能会进一步影响员工的工作表现,导致职业倦怠。

本文通过对10名北京某五星级酒店"80后"女性员工的深度访谈,结合扎根理论的研究方法,探讨了其工作—家庭冲突现状及其对职业倦怠的影响,并得出以下结论:(1)"80

后"酒店女性员工的工作—家庭冲突十分严重,然而其家庭—工作冲突却并不明显。(2)员工会有意识地将工作和家庭间角色冲突所造成的压力转换为工作动力,工作—家庭冲突对"80后"酒店女性员工职业倦怠影响不明显。

关键词:工作—家庭冲突;家庭—工作冲突;职业倦怠;扎根理论

Abstract

With the development of the society, the gendered division of labor has greatly changed. Increasing number of females now enter the labor market and have their own career, thus their family structure has also transformed into dual earner family. Women become the dominator of hotel industry, since their feminine characteristics fit the needs of this service industry very well. However, the requirements of the jobs in the hotel, such as the shift work, have leaded serious work-family conflict to their families, here represented by the 80's, because most of them are going to or just have their babies and their family is still unstable. Ultimately, this conflict may results in job burnout.

10 post 80's female employees of a five-star hotel in Beijing were interviewed in this research. The author applied the grounded theory to analyze the interviews and has come to following conclusions in light of substantial evidence. (1)The work-family conflict is very serious for the female 80's but the family-work conflict is inconspicuous in comparison. (2)The influence of this conflict between work and family on burnout is also not obvious, because the female workers will transform the pressure into motivation.

Key Words:Work-family conflict;Family-work conflict;Burnout;Grounded theory

1 研究背景及意义

1.1 研究背景

随着时代和经济的发展,男性和女性的社会分工已经发生巨大的改变。传统家庭结构中"男主外,女主内"的时代已经过去,双职工家庭的数目开始增多(Barnett & Hyde,2001)。越来越多的女性,或为生活或为理想,开始进入职场,并迅速成为某些行业劳动力的重要组成部分。酒店作为劳动密集型服务性行业,其核心产品为服务,要求员工有敏锐的观察能力和高度的服务意识,这使心思敏捷、细腻和温柔的女性成了保证酒店服务水准不可或缺的力量。然而,酒店营业特征所要求的员工上班时间不固定、日夜颠倒、需时刻保持最佳状态等,导致员工必须承受巨大的生理和心理压力。与此同时,女性还必须同时扮演传统社会观念赋予其的社会性别角色,即照顾家庭的角色。自古以来,女性的社会分工多局限于家庭,封建社会几千年的传统使得人们认为女性更适应家庭劳动,其家庭角色比社会角色更加重要(张晓春、马芳,2012)。女性的工作还往往缺乏社会的认同,难以得到家庭和组织的理解,也缺乏支持性的人力资源制度和措施(An Yanzhen & Philip C.Wright,2003)。来自工作和家庭的双重压力以及社会的偏见使酒店女性员工在工作和家庭两个领域上左右为难,压力倍增,面对着比男性更加明显的工作—家庭冲突。其中,"80后"女性作为新一代酒店职场主力军,普遍成家不久,家庭还处于不稳定状态,同时其子女大多小于六岁,照顾孩子的重任也往往落在女性身上。当孩子不满六岁时,工作和家庭间的冲突会达到最高水平(Clay-Warner J.,Hegtvedt K. A. & Roman P.,2005)。因此"80后"女性员工面临着尤为严重的这两个单元的冲突。来自该冲突的巨大压力不仅会对女性的身心健康与家庭幸福造成伤害,还会对其组织行为,如职业倦怠,带来巨大的负面影响。肖康指出,中国公司中20%的员工都处于职业倦怠状态,超过60%的人对工作兴趣索然。职业倦怠正在成为工作场所普遍的心理性困扰问题,而且年龄呈现年轻化趋势。Kinnunen 和 Mauno 发现,随着工作—家庭冲突增加,职业倦怠也随之增加。随着酒店行业竞争的日益激烈,酒店女性员工所承受的来自工作—家庭冲突的压力与日俱增,职业倦怠问题也更加严重,其中以"80后"女性员工为典型代表。因此,开展对酒店"80后"女性员工工作—家庭冲突的研究,探索该冲突的现状及其对员工职业倦怠的影响,对员工自身的健康与家庭幸福,以及提高员工工作效率与工作满意度、维护组织稳定与发展都有长远而深刻的意义。

1.2 研究意义

与酒店业蓬勃发展的现状形成鲜明对比的是,我国目前对酒店人力资源管理的研究还较为浅薄,多局限于人力资源基本职责、基本制度以及工作流程等客观方面,少数关于员工福利和激励措施的研究都没有真正深入到探究员工心理活动的层次,关于员工,尤其是女性员工工作—家庭冲突的研究更是少之又少。国内学者王晶与吴明霞等人指出,工作家庭平衡在国外研究历史较长,而我国在这方面的研究起步较晚。目前国内工作家庭研究主要为综述国外理论和描述性研究,少数的实证研究也主要针对教师、护士、医生和警察等职业,研究对象与应用范围存在较大的局限性,其中针对酒店女性员工工作—家庭冲突的研究很少

(陈芳英,2011)。对职业倦怠问题的研究也存在着类似状况。除此之外,目前国内大多数对员工工作家庭冲突以及职业倦怠问题的研究都使用的是定量分析的研究方法,少有定性研究。本文通过对10名酒店员工的深度访谈,结合扎根理论,对员工工作—家庭冲突的现状以及其与职业倦怠间的关系进行质的研究。因此,本研究具有较强的理论意义。另外,我国酒店人力资源管理缺乏对员工工作—家庭冲突及其后果的认识,即使是员工个人,也未能对女性员工期待工作家庭平衡的诉求予以充分重视。如何妥善处理工作与家庭这两个人生重要领域的关系,成为组织人力资源管理的新挑战。过往针对该问题的研究,大多是从组织的角度提出平衡策略,少有研究从员工的角度出发去思考解决问题的方法。本研究除了探索酒店女性员工工作家庭冲突的现状及其对职业倦怠的影响,更力求从员工个体的角度提出能使二者平衡的策略,对个体获取工作家庭平衡而言具有较强的实践意义。

2 文献综述

2.1 概念的界定

2.1.1 工作—家庭冲突

要研究相关问题,必须先了解工作—家庭冲突的概念。工作—家庭冲突是工作—家庭关系的核心,其本质是一种竞争关系,它源于个体在两个领域中时间分配、情绪传递、空间划分、行为模式和性别角色预期的不相容性(刘永强,2006)。在 Kahn 等角色冲突理论的基础上,Greenhaus 和 Beutell 在 1985 年提出了关于工作—家庭冲突的定义:工作—家庭冲突是一种特殊的角色冲突形式,在此冲突中,来自工作领域和家庭领域的压力在某些方面互不相容,即参与工作(家庭)的角色会使其担当家庭(工作)的角色更加困难。Greenhaus 同时指出,工作—家庭冲突有三种主要表现形式:基于时间的冲突、基于压力的冲突以及基于行为的冲突。图 2.1 为造成工作—家庭冲突原因的模型,根据该模型,任何影响到一个个体扮演某个角色时的时间、压力与行为的角色特征都会导致这两个角色间发生冲突。可见,当个体不能将有限的个人自愿平衡地分配到工作和家庭两个部分,角色的需求不能满足时,冲突就会出现。此外,Greenhaus 还认为工作—家庭冲突还具有双向性,即工作对家庭造成的冲突(Work-Family Conflict,WFC)以及家庭对工作造成的冲突(Family-Work Conflict,FWC)。

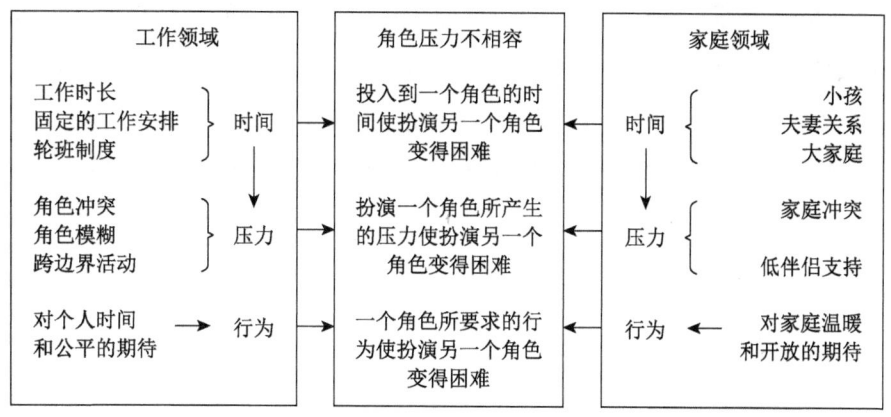

图 2.1 造成工作—家庭冲突原因的模型

2.1.2 工作—家庭平衡

Marks S. R. 与 Dermid S. M. 早在 1996 年就提出了工作—家庭平衡的概念。他们认为,工作—家庭平衡是指工作—家庭冲突最小化的状态,工作与家庭的功能各自良好,个体能平等地参加工作和家庭两个角色活动,并从中获得同样的满足感。但目前,关于这一定义还存有争议,学者们争论工作和家庭获得平衡,是主观的心理结构,还是客观的社会结构(王晶,2010)。Greenhaus 等人于 2006 年对工作—家庭平衡进行了定义,即个体在工作和家庭角色中的满意感与该个体优先考虑的某一角色的一致程度。该定义强调个体的概念与满足感,即假如一个个体认为家庭优于工作,因而愿意向家庭中投入更多的时间与精力,即使他对两个角色投入的资源不相等,该个体也能从满意感中获得平衡,因此这是主观的平衡。另外,Grzywacz 等人在 2007 年对工作—家庭平衡予以了客观角度的定义:当角色期望能达成一致时,工作家庭即处于平衡状态,这需要通过与这两个角色相关者的协调达成。这个定义强调角色的责任履行,认为工作—家庭平衡是客观的平衡。以上两种观点都有其可取之处,因为工作—家庭平衡与个人的满足感以及其所扮演的角色的功能履行都是高度相关的,因此无论个体是获取了主观的还是客观的平衡,都能降低冲突所带来的消极影响。

2.1.3 职业倦怠

职业倦怠(Burnout)是当今工作场所中流行的心理性困扰。职业倦怠,是指在以人为服务对象的职业领域中,个体的一种情感耗竭(Emotional Exhaustion)、人格解体(Depersonalization)和个人成就感降低(Reduced Personal Accomplishment)的症状(Maslach C., 1982)。这三要素也成为了马斯拉奇倦怠量表(Maslach Burnout Inventory,MBI)中衡量职业倦怠的三个维度。其中,情绪耗竭被认为是最具代表性的指标(闫晓静、杨继平,2006)。根据李永鑫的解释,情感耗竭是指个体的情感资源过度消耗,疲惫不堪,对工作缺乏主动性,容易在工作中出现紧张感和挫折感;人格解体指个体对待服务对象呈现负面的、冷淡的、过度疏远的态度;个人成就感降低指个体的胜任感和工作成就感的下降,对自身持有负面的评价,怀疑自己的价值和贡献。1996年,史卡菲力开发了应用于一般人群的马斯拉奇倦怠概略调查表(MBI-GS),它包含了更具普遍意义的三个维度:耗竭(Exhaustion)、疏离(Cynicism)和无效能感(Diminished Professional Efficacy),与马斯拉奇的三个维度基本保持一致,但应用范围更广(陈成,2010)。

2.2 理论基础

2.2.1 角色冲突理论

角色冲突理论是工作—家庭冲突概念的基础。"角色"一词最早由美国心理学家George Mead于20世纪20年代应用到社会心理学中,他认为角色是指个体在社会中由于有某种地位,而被预期和要求表现出的行为模式的总和。然而,个体处于社会中,难以避免必须扮演多个角色;此外,个体在社会中并不是孤立的,角色与角色间会构成复杂的关系,因此就产生了角色冲突。Kahn(1964)等提出了角色冲突理论,认为角色冲突是指个体因必须扮演不同的角色所产生的压力,扮演其中一种角色会使其扮演其他角色变得困难。角色冲突通常有两种形式:角色间冲突与角色内冲突。角色间冲突是指当个体扮演的角色同时对个体提出的要求所造成个体资源不胜任的压力,以及不同角色对个体提出不相容的要求所带来的压力。角色内冲突是指个体对所扮演的角色价值观、期待与要求不同或矛盾所带来的压力(杜晶晶,2011)。1983年,Kopelman等人还首次提出了角色冲突模型,如图2.2所示。

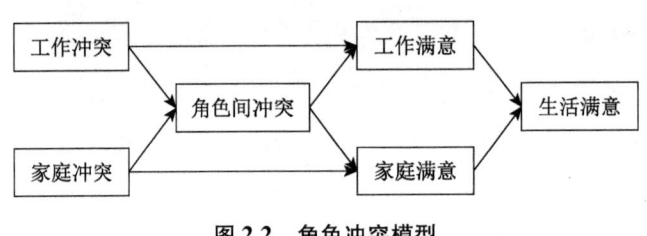

图2.2 角色冲突模型

2.2.2 边界理论

美国学者Clark在2000年提出的"工作家庭边界理论",解释了工作与家庭两个单元间发生复杂作用的原因,并预测了可能导致冲突或平衡的原因。该理论认为,工作和家庭是两个不同的范围,边界是对范围的界定,具有渗透性、灵活性、混合性等特征(张再生,2002)。在工作和家庭这两个领域里,人们遵守不同的规则、思维模式和行为方式(李朝霞,2012)。边界理论将那些频繁跨越、穿梭在工作和家庭两个范围的个体称为边界跨越者,对定义的管理范围和边界有重要影响的成员称为边界维护者。一般来说，工作领域的边界维护者主要是上司和同事等；家庭领域的边界维护者主要是家人和配偶等。Clark 认为，边界维护者与边界跨越者对工作和家庭边界及组成的不同认识，往往会影响边界跨越者的工作—家庭关系；两者之间需要经常交流才能促进工作—家庭关系的和睦，否则会产生分歧，并最终导致工作—家庭冲突。

2.2.3 溢出与补偿理论

社会学家 Rosabeth Kanter 于 1977 年提出了溢出理论，即工作和家庭是相互影响的，它们之间在满意度和价值观方面存在正相关关系。个体可以将技能与态度等从工作带入家庭，也可以将愉快或悲伤的心情从家庭带入工作领域。溢出包括积极溢出与消极溢出两个方面。Duxberry 和 Higgins(1991)指出，积极溢出指某些积极的、正向的情绪或资源(如愉悦的心情)在工作和家庭之间相互传递并影响，达到较高水平的满意度；消极溢出是指一些负面的事物与问题(如疲惫)会导致个体无法将全部的精力投入另一领域中去。

补偿理论是指个体为抵消某领域的不满意而到另一领域寻找满意的行为(Edwards & Rothbard,2000)。首先，个体会调整重要性，重新分配其在不同领域投入的时间与精力，减少参与不满意的领域并更多地投入到相对满意的领域。其次，个体通过从另一领域获得补偿的方式来对某领域的不满意做出反应(刘永强,2006)。当溢出与补偿不能达到平衡时就会产生工作—家庭冲突。

3 研究方法

3.1 无结构访谈法概述

无结构访谈(Unstructured Interview)又被称为深度访谈或者自由访谈，它与结构访谈相反，由访谈员与被访者围绕这个主题或范围进行比较自由的交流。无结构访谈适合于并主要应用于实地研究。它的主要作用在于通过深入细致的访谈，获得丰富生动的定性资料，并通过研究者主观的、洞察性的分析，从中归纳和概括出某种结论(风笑天,2009)。

无结构访谈最大的优点就是弹性大、灵活性强、深入、细致，有利于充分发挥访谈双方的主动性和创造性。本研究采取了无结构访谈中的正式访谈，即研究者进行事先有计划、有准备、有预约的访谈。访谈员事先拟好提纲，列出了一些根据文献和研究者个人经验任务应该了解的各种方面的问题。但提纲在访谈过程中只起到某种提示作用，访谈的实际过程仍有较高的灵活性和变化性。

3.2 扎根理论方法概述

扎根理论研究方法论(Grounded Theory Methodology)最早由 Glaser 和 Strauss 在 1967 年提出,是一种通过系统收集和分析资料的研究过程,从资料中衍生出理论的定性研究方法。根据 Glaser 和 Strauss 的论述,这一理论将实证研究和理论建构紧密联系起来,提供了一整套从原始资料中归纳、建构理论的方法和步骤,使研究人员可以通过系统的分析方法对实证资料进行分析归纳来发展概念和建构理论。扎根理论与其他研究方法不同的是,研究者在研究开始前不提出理论假设。研究者直接从实际观察入手,从其获得的原始资料中归纳经验,最后形成理论。

扎根理论研究法主要可以分为数据收集、数据分析、文献比较与研究结果四个步骤,具体流程如图 3.1 所示。

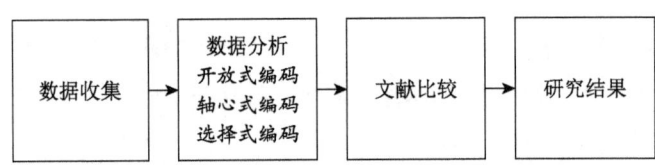

图 3.1 扎根理论研究方法流程图

4 研究过程

4.1 数据的收集

4.1.1 样本描述

本研究选取了北京市某国际五星级连锁酒店的 10 位"80 后"女性员工进行访问。其中,婚姻状况为 1 人未婚,9 人已婚;子女状况为 4 人无子女,6 人有子女;部门分布状况为 4 人来自二线支持部门(人力资源部),6 人来自一线运营部门(包括前厅部 1 人、餐饮部 1 人、客房部 4 人);受教育程度为 3 人本科,4 人专科,2 人高中,1 人初中。受访者的具体资料参见表 4.1。

表 4.1 受访者基本信息表

访谈对象	婚姻状况	子女状况	部门及职务	受教育程度
A	已婚	无	人力资源部(高级经理)	本科
B	已婚	无	人力资源部(主管)	本科
C	已婚	1女	人力资源部(主管)	专科
D	已婚	无	人力资源部(文员)	专科
E	未婚	无	前厅部(主管)	本科
F	已婚	1女	餐厅部(服务员)	专科
G	已婚	1子	客房部(经理)	专科
H	已婚	1子	客房部(服务员)	高中
I	已婚	2子	客房部(服务员)	高中
J	已婚	1女	客房部(服务员)	初中

4.1.2 访谈设计

扎根理论的数据主要通过无结构访谈(又称深度访谈)获取。无结构访谈不允许访问员有事先的假设,研究问题必须是灵活与开放的,但是允许访谈员事先准备访谈提纲,起提示作用,以保证每次访谈都能覆盖所需的主要内容。以下是本研究的访谈提纲:

(1)介绍工作与家庭的基本信息(如日常工作内容、家庭组成情况等)。

(2)工作对家庭有没有冲突?具体表现是什么?有/没有冲突的原因是什么?

(3)如果工作对家庭有冲突,家人的反应是什么?

(4)如何应对这种冲突?

(5)工作对要孩子的日程有什么影响(过去或未来)?

(6)会不会为了家庭而牺牲或放弃自己的事业?为什么?

(7)家庭对工作有没有冲突?具体表现是什么?有/没有冲突的原因是什么?

(8)如果家庭对工作有冲突,组织的反应是什么?

(9)如何应对这种冲突?

(10)现在的工作状态如何?对工作是否有激情?工作投入度如何?自我的评价如何?上级的评价如何?有没有出现倦怠的现象?具体表现是什么?

(11)如果出现职业倦怠,原因是什么?

(12)工作与家庭之间的冲突对工作状态、工作效率等有影响吗(对职业倦怠是否有影响)?具体表现是什么?

(13)总的来说,工作与家庭哪个更重要?假如冲突十分严重,会倾向于保护工作还是家庭?为什么?

4.1.3 访谈过程

访谈之前,根据研究目的及要求筛选出符合条件的受访者,事先联系他们,告知受访者本次访谈的主要内容,保证本次采访内容只会用于学术研究,并且其个人资料均会被匿名处理。在征得对方同意后,预约采访方式与采访时间。本研究均采用电话访谈的方式进行,并在受访者允许的条件下,对通话内容采取全程录音,使访问员可以将精力全部集中于访谈本身,并保证记录的准确性,方便后期整理。

访谈开始后,根据访谈提纲展开访谈内容,但并不限制受访者的发挥。访谈过程对话自由,并根据谈话内容尽可能深入地进行追问和挖掘,予以受访者充分的自由发挥空间,同时尽量避免对回答内容进行评价,以保证获得信息都是受访者真实的想法。

访谈结束后,将采访录音全部转为文字稿,用于下一步的分析。每次采访均要总结经验和不足,以便改进后续的采访。

4.2 数据分析

将录音全部转化为文字稿后,逐句分析采访稿件,提取与本研究有关的、重要的、重复出现的因素,进行解释与归纳。扎根理论将此过程称为"编码",在编码的过程中,机械地减少资料并将其类别化分析。编码通常有三个阶段,分别是开放式编码、轴心式编码与选择式编码。

4.2.1 开放式编码

根据风笑天的论述,开放式编码(Open Coding)的具体做法是,研究者先设置一些主题,同时将最初的代码或标签分配到资料中,以便将大量零散的、混杂的资料转变成不同的类别。开放性编码的具体程序为:定义现象(贴标签)—概念化—挖掘范畴—为范畴命名。

首先,对采访稿件定义现象(即贴标签)。为具体说明该过程,本文抽取其中某段访谈资料的定义过程进行举例(冒号后为标签):

- 我觉得干酒店这行,工作和家庭的冲突肯定是存在的:工作—家庭冲突存在
- 平时很难正常下班:需要经常加班
- 有时候工作量太大,不加班就干不完活儿:工作量太大导致加班
- 而且有些领导会觉得你加班才是工作勤劳和负责的态度:领导的态度导致加班
- 所以几乎每天都要加班:加班频率高
- 有时候下班都七八点了:下班晚

- 在酒店急急忙忙洗个澡,再坐地铁回家,到家怎么都九十点了:晚上到家很晚
- 老公也特别忙,他也不干家务,公公也最多看看孩子,也不会干家务:没有家人分担家务
- 所以我那么晚回家还得洗衣服什么的:回家要做家务
- 特别累:很疲惫
- 所以我有时候真的都顾不上孩子:没时间和精力陪孩子
- 有时真的就觉得特别对不起小孩:觉得亏欠孩子
- 有时候回家特别晚,孩子会问妈妈能不能给讲个故事,按理说这是好事:孩子提出愿望
- 但因为太累了,还得做家务,我就只能跟她说太晚了,赶紧睡觉吧,明天再讲故事:无法满足孩子的愿望
- 这也是我申请换到Lily那(另一个比较轻松的岗位)的原因:为了孩子希望换一个轻松一点的职位
- 希望能有多点时间陪陪孩子:希望能更多地陪孩子
- 因为没时间陪孩子,孩子也有怨言。有时候孩子就会让我接她放学,但我不可能五点前就赶去她学校接她啊,就没办法实现孩子的愿望,孩子也会很失望:孩子也会失望和有怨言
- 即使公公不在,没人带孩子,我宁愿找保姆,或者找小区里的人帮我接送一下孩子,我也没想过放弃工作:宁愿找保姆也不会放弃工作
- 我老公也会抱怨我怎么回来那么晚,但我也没办法:丈夫会抱怨
- 由于工作性质不一样,他就不能理解我,为什么不能准时下班:家人工作性质不同导致理解度降低
- 但酒店压力和工作量都那么大,不加班活儿就干不完,所以我也没办法,只能让他说:丈夫不理解也没办法
- 但反过来,家庭对工作倒没什么影响:家庭对工作基本没影响
- 因为我一到单位后,就不再考虑家里的事儿了:在单位不会考虑家里的事情
- 我很少因为家里的事儿迟到和请假,孩子偶尔生病什么的也有公公带他去医院:很少因为家里的事情迟到或请假
- 即使家里有什么迫不得已的,一定要我回去的情况我也是请年假:家里有事也是请年假
- 我家里的情绪很少带到工作上:不会将家里的情绪带入工作中

- 但反而工作上的情绪我有时候会带到家里:会把工作中的情绪带回家庭
- 比如今天工作不顺利,遇到了郁闷的事情,比如别人误会我了或老板不理解我了,我回家可能就会不想跟家人说话,甚至有时候可能会冲孩子发脾气,但之后会挺后悔的:有时会对家人发泄工作中的情绪

通过对采访稿件的整理,本研究一共定义了86个现象,并将其归为28个概念,见表4.2。

表4.2 开放式编码——定义现象并概念化的过程

概念	定义现象
工作—家庭冲突存在	工作—家庭冲突存在
酒店行业工作现状	工作压力大、时间和精力投入高、加班频率高、酒店员工牺牲大
工作对个人生活的消极影响	下班晚、回家就赶紧睡觉、没有属于自己的时间、没有自己的生活、劳累
工作消极情绪	精神高度紧绷、精神疲惫
工作消极情绪溢出	会把工作的情绪带回家庭、有时对家人发泄工作中的情绪、会后悔
一线员工压力更大	一线员工要倒班、一线员工更需要家人的支持、一线员工与家人和朋友的闲暇时间总是错开
工作对家人关系的负面影响	与家人相处时间少、与家人沟通少、家人会抱怨
孩子的影响	工作会影响要孩子的计划、孩子加剧工作对家庭的冲突、没时间和精力陪孩子、觉得亏欠孩子、孩子会失望
孩子的支持	孩子懂事、孩子为妈妈的工作骄傲
为孩子的付出	希望能更多地陪孩子、愿意为了孩子换一个职业甚至放弃工作
来自父母的压力	父母(尤其是婆婆)不理解与不认可
父母的支持	父母在北京则可以帮忙照顾孩子或者分担家务
来自丈夫的压力	丈夫会不满、工作性质的差异会导致理解困难
丈夫的支持	各自承担责任、理解与支持
工作是谋生手段	赚钱养家、经济条件允许的话会考虑不工作、没有太多的职业追求
家庭消极情绪溢出	因为家人的不认可而沮丧
少因家事影响工作	很少因为家里的事情迟到或请假、请假会影响工资和年终考核、工作时注意力高度集中、工作繁忙所以会无暇顾及家事
少因孩子影响工作	计划要孩子前会考虑对团队的影响、迫不得已要照顾孩子时会请年假、上司的支持与理解可缓解冲突

续表

概念	定义现象
对工作的热情一般	进入职场时间长、对工作很熟练、工作烦琐与重复、会踏实完成工作、没有野心
工作态度认真	基本的职业素养、既然选择了这个也就要认真负责、要努力工作才能挣钱养家
工作导致身心疲惫	工作量太大、一线员工体力消耗大、年龄增长、竞争激烈
人际关系良好	与同事和领导相处融洽、相互帮助
成就感一般	能熟练完成工作、可替代性高、薪资较低
家人是工作的动力	工作可以改善家庭生活条件、家人的支持与理解使工作更加有动力、渴望家人的认可
冲突转化为动力	早点完成工作可以早点回家陪家人、压力可以迫使我提高工作效率
对从事酒店业的态度	酒店的一线工作对女人不是理想选择、酒店员工需有奉献精神、愿意转换行业、酒店工作环境好、可以在酒店用餐和洗澡
价值观	家庭更重要、经济条件允许的话愿意为了家庭放弃工作、传统观念对自己影响不大
行为管理	加入酒店业前做好准备、预见冲突、做好工作计划、做好生育计划、保证与家人的沟通充足与顺畅、有意识地创造与家人互动的机会、带家人与孩子参观酒店、让家人了解自己的工作内容与工作环境

将定义的现象概念化后,再将这些概念范畴化,最后得到11个范畴,具体如表4.3所示:

表4.3 开放式编码——将概念范畴化的过程

范畴	概念
工作—家庭冲突明显	工作对个人生活的消极影响、工作消极情绪、工作对家人关系的负面影响、孩子的影响
行业特征	酒店行业工作现状、一线员工压力更大
情绪转移	工作消极情绪溢出、家庭消极情绪溢出
来自家人的压力	来自父母的压力、来自丈夫的压力
家人支持	孩子的支持、父母的支持、丈夫的支持
工作及环境特点	酒店行业工作现状、工作环境
工作状态	对工作的热情一般、工作态度认真、工作导致身心疲惫、人际关系良好、成就感一般
对工作的认知	工作是谋生手段
寻找动力	家人是工作的动力、冲突转化为动力
角色定位	为孩子的付出、价值观
家庭—工作冲突微弱	少因家事影响工作、少因孩子影响工作

4.2.2 轴心式编码

风笑天指出,轴心式编码(Axial Coding)着重于发现和建立类别之间的各种联系,包括因果关系、时间关系、语义关系等。在轴心式编码的过程中,研究者思考原因和结果、阶段和过程,并寻找将它们聚合在一起的类别或概念。本研究采取了Strauss和Corbin在1990年给出的"因果条件—背景—行动/互动策略—结果"编码经典范式表示各范畴之间的关联,具体结果如表4.4、表4.5、表4.6所示:

表4.4 关于"工作—家庭冲突"的编码范式

指标	范畴	指标	范畴
因果条件	行业特征	背景	来自家人的压力
行动策略	情绪转移	结果	工作—家庭冲突明显

表4.5 关于"家庭—工作冲突"的编码范式

指标	范畴	指标	范畴
因果条件	角色定位	背景	家人支持
行动策略	寻找动力	结果	家庭—工作冲突微弱

表4.6 关于"工作—家庭冲突对职业倦怠影响"的编码范式

指标	范畴	指标	范畴
因果条件	角色定位	背景	工作及环境特点
行动策略	寻找动力	结果	工作状态受影响不明显

4.2.3 选择式编码

选择式编码(Selective Coding)是在范畴中找到一个可以统领其他一些相关范畴的核心范畴,将所有的研究结果统一在这个核心范畴的范围之内。用所有资料及由此开发出来的范畴、关系等扼要地说明全部现象,即开发故事线。

通过对各种现象、概念、范畴的反复研究与比较,本研究将核心范畴确定为"'80后'酒店女性员工工作—家庭冲突现状及其对职业倦怠的影响",并由此发展出两个扎根理论:①"80后"酒店女性员工在工作和家庭角色互动中由于行业特性、情绪转移、时间与精力分配不平衡等多种原因,容易产生较为严重的工作—家庭冲突,但出于维持生计的需要,员工积极寻找工作动力以及家人支持等因素,其家庭—工作冲突明显较工作—家庭冲突微弱。②"80后"酒店女性员工的职业倦怠现象主要是其职业发展阶段、工作性质及工作环境本身造成的。由于员工会有意识地将工作和家庭间角色冲突所造成的压力转换为工作动力,因此工作—家庭冲突对其职业倦怠影响不明显。

4.3 文献比较与讨论

根据扎根理论的研究方式,对相关文献的回顾除了可以在数据收集前进行,也可以在收集期间或之后进行。当概念化数据分析完成之后,相关领域的文献才会被回顾和比较,从而判断出某项研究如何、从何与现有文献相呼应,最终达到理论饱和阶段(费小东,2008)。研究者在运用文献时必须结合原始资料和自己个人判断,对编码结果进行解释。本研究通过扎根理论得出了"80后"酒店女性员工工作家庭冲突现状以及其对职业倦怠的影响,下面将研究结果与文献进行比较。

4.3.1 对"'80后'酒店女性员工工作—家庭冲突严重"的讨论

根据 Kahn 在 1964 年提出的角色冲突理论,角色冲突即个体因必须扮演不同的角色所产生的压力,使其扮演其他角色会变得困难。Greenhaus 和 Beutell 在此基础上提出,在此工作—家庭冲突中,来自工作领域和家庭领域的压力在某些方面互不相容,即参与工作(家庭)的角色会使其担当家庭(工作)的角色更加困难。而大多数"80后"酒店女性员工同时承担了"员工""子女""妻子""儿媳"与"母亲"等众多角色,其所面临的角色冲突尤为严重。

首先,根据 Greenhaus 的研究,工作—家庭冲突的其中一类表现形式是"基于时间的冲突",根据本研究的访谈,这类冲突在"80后"酒店女性员工身上体现得尤为明显。酒店是一台24小时运营的机器,一线部门,如前厅部、客房部、部分餐厅等都需要有员工24小时在岗,随时为客人提供服务,因此一线部门的员工均需要倒班。倒班制不仅有害女性员工的身体健康,还会直接影响其家庭关系。研究中最明显的表现就是员工缺少时间与机会同家人相处。其中一位受访者这样说道:"别人睡觉时我们上班,别人放假时我们也要上班,和家人与朋友的时间总是会错开。虽然和妈妈住在一起,可我老是有已经好几天都没见过我妈了的错觉。"工作与休息时间的错开会导致员工与家人生活步伐不一致,沟通与交流的时间减少。同时,在酒店一线岗位工作的受访者还表示如果没有家人的帮助,一线女员工几乎不可能自己照顾孩子,因此这对于那些父母不在当地的员工来说,倒班的工作直接影响她们怀孕生子的计划。

其次,酒店由于运营需要,员工每天至少有10个小时都在单位,加班更是家常便饭。一线运营部门的员工通常需要站立一天,面对客人时她们常要绷紧神经,防止犯错;二线支持部门的员工通常要在电脑前面坐一天,处理许多烦琐与复杂的事物。因此无论是酒店一线还是二线的员工,她们的身体与精神都要承受巨大的压力。等她们下班回到家时,大多已经精疲力竭,希望立即休息,没有力气再跟家人进行互动与交流。有位受访者表示,她甚至没有精力在睡前给小女儿讲个故事。"80后"女性要么准备怀孕,要么孩子还未上小学,其婚姻都还处于不稳定状态。与家人沟通不畅会对其与家人的关系造成尤为严重的负面影响。这类冲突属于Greenhaus理论中"基于压力的工作家庭冲突"。

再次,女性员工在承受巨大的工作压力的同时,还有可能要面对来自家庭的压力。通过采访可知,当家人的职业属性与酒店工作属性相差很远时,家人通常会难以理解酒店员工的工作。丈夫可能会抱怨妻子为什么工资那么低工作却还那么累,婆婆可能会责怪儿媳无法及时回家做家务。理解的缺失会直接加剧工作对家庭的冲突。

最后,当遇到不讲理的客人或者其他困难时,员工的郁闷无法冲客人与同事发泄,因此她们往往会将这种负面情绪带到家中。有六位受访者都承认她们曾因为工作的情绪无缘无故向丈夫或孩子发过脾气。因此这种负面情绪的溢出也会损害与家人的关系。这正是Duxberry和Higgins(1991)提出的溢出理论的表现。

虽然受访者表示她们也会积极地采取一些应对措施,如有意识地创造与家人的互动机会、带家人参观自己工作的酒店以增加理解度等,但由于工作—家庭冲突中客观因素太强,因此这种措施的效果并不明显。

根据采访内容及上述分析,本研究得出的"'80后'酒店女性员工工作—家庭冲突严重"的结论与前人的研究相一致。

4.3.2 对"'80后'酒店女性员工家庭—工作冲突微弱"的讨论

Greenhaus认为工作—家庭冲突具有双向性,即工作对家庭造成的冲突(Work-Family Conflict,WFC)以及家庭对工作造成的冲突(Family-Work Conflict,FWC)。然而本研究却得出"员工工作—家庭冲突微弱"的结论,与Greenhaus的工作—家庭冲突双向性不相符合,分析原因如下:

首先,本研究的受访者普遍将工作视为不可或缺的谋生手段,她们需要这份工作来维持生计。因此她们对工作的态度都十分谨慎与认真,几乎从不因为家事而迟到或请假,否则不但会给上司造成负面印象,还会直接影响其工资的发放与年终考核的成绩。所以即使是孩子生病她们也会请父母照顾,迫不得已需要请假时,她们也通常是使用自己的年假而非请事假。同时,受访者还表示,虽然她们并没有太高的职业追求目标,但既然选择了这份工作,就必须对其认真负责,否则是缺乏责任心的表现。因此她们会尽量避免因为家庭事务而耽误工作。

其次，作者认为Greenhaus的工作—家庭冲突双向性理论主要是指情绪上的双向溢出，而这种情绪溢出并不一定会导致具体的行为表现。本研究表明，虽然有时候家庭的烦恼难免会影响到员工的情绪，然而大多数受访者都表示她们能理性地应对与控制这些情绪干扰。一方面，不同于家庭的温馨与自由，工作是一件严肃的事情，不允许员工像在家中那样任性而随意地发泄情绪，否则会严重影响其工作绩效以及与同事的关系，有足够职业素养的员工都能够在单位控制自己的表现。另一方面，酒店的工作压力巨大，尤其是一线员工要在面对客人时注意力高度集中，警惕出错，因此这种工作要求也使员工没有额外的时间和精力再去顾及家中的烦恼。综上两个方面，虽然员工可能存在来自家庭的负面情绪，但是工作素养和工作要求使员工可以控制这种情绪，尽量使其不影响工作。

最后，Greenhaus认为的冲突双向性只是从理论上提出了在不加干预的情况下，工作与家庭相互出现冲突存在的可能性。但本研究发现，实际生活中，这种冲突是可以通过人为干预并得以缓解的。虽然家庭原本会对工作产生影响，但家人的支持与帮助在很大程度上化解了这个冲突。虽然有些家人不能完全理解，但是他们还是会在行动和情感上最大限度地支持员工的工作，这正如一位受访者所说的："虽然我婆婆有时会抱怨我老不顾家，但她还是会帮我照顾孩子，让我没有后顾之忧。"孩子、丈夫与父母在精神与行动上都予以女性员工极大的帮助，例如一起分担家务、帮助照顾孩子或者进行精神鼓励，这些都对缓解家庭—工作冲突有很大作用。

结合以上三方面的分析，虽然Greenhaus在理论层面上提出工作—家庭冲突的双向性，但根据本研究，在实际案例中，家庭对工作的影响在很大程度上可以被化解，因此在具体表现中并没有体现出双向性。

4.3.3 对"工作—家庭冲突对其职业倦怠影响不明显"的讨论

Frone(1992)等学者研究发现警官与护士的工作—家庭冲突与心理倦怠，尤其是情绪耗竭呈正相关。Kossek和Ozeki在1999年研究了工作—家庭冲突与工作状态间的关系，他们的研究结论是，工作—家庭冲突而非家庭—工作冲突与工作绩效和态度呈负相关。根据Clark的边界理论，工作—家庭冲突会随着工作与家庭边界跨越的难度增加而严重，个体的压力也会随之增加，当其承受的压力过大时，就会产生倦怠。总体来说，西方学者对职业倦怠前因变量的分析是建立在压力与倦怠关系之上的，而角色压力是员工压力的最主要来源（肖康，2013）。对于大多数个体而言，工作与家庭是其生活最重要的两个领域，当个体无法协调工作与家庭的角色，平衡资源的分配时，就会产生压力，造成消极的后果，不但影响个体的生活满意度，还会影响人们的工作表现，如工作满意度与工作绩效下降，并最终导致倦怠。

然而，根据本研究通过扎根理论得出的结论，工作—家庭冲突对"80后"酒店女性员工职业倦怠的影响并不明显。根据采访内容可知,工作—家庭冲突的确会导致压力,但是受访者认为她们在工作时能够将这种工作—家庭冲突产生的压力转化为动力。根据受访者的表述,发现她们不会因为这种压力而感到过分沮丧,甚至出现情感耗竭、对事物冷淡疏远、自我怀疑的现象(Maslach 衡量职业倦怠的三个维度)。受访者表示,当她们总是因为回家太晚而没有时间陪伴家人时,她们会在单位提高工作效率,从而能够尽早下班回家。当她们的工作价值不被家人理解时,她们会更加努力地工作,通过成绩获得家人的认可,从而证明自己的价值。笔者认为,西方学者对于工作—家庭冲突与职业倦怠关系的研究多在 20 世纪 90 年代,当时人们对这个问题还没有足够的认识,因此在那个年代,工作—家庭冲突所带来的压力会对个体的工作表现造成负面影响。然而,随着时代的进步,个体面对压力的反应机制也在进步。从采访内容可知,人们从过往的经历与案例中对压力所导致的后果有了更加清楚的认识,并且逐步学会了如何培养理性面对并积极处理这种压力的能力,当个体获得这种能力时,工作家庭冲突对职业倦怠的影响就会逐渐减小。尤其是"80 后"员工,她们思想与观念大多比较先进,学习能力与适应力较强,并懂得理性思考与分析问题。因此在采访过程中,受访者虽然表示会出现职业倦怠现象,但这多是由于其年龄增长、职业发展阶段进入稳定期或瓶颈期、工作本身重复烦琐、缺少进步空间、企业文化不适合自己等原因造成的,与工作—家庭冲突关系甚少。

另外,受访者也表示,当工作—家庭冲突严重,压力过大,矛盾难以调和时,她们不会在当前职位过多停留,而是会果断更换职位甚至行业。这与个体的价值观有直接关系,本研究的受访者普遍表示,家庭是最重要的,工作对其而言只是谋生手段,当工作与家庭冲突严重到难以调和的地步时,她们不会坚持这份工作。一位受访者这样描述道:"既然我们能够在酒店业长期而稳定地工作到现在,肯定是因为我们能够并已经可以处理好工作与家庭之间的冲突。我们不会苦撑着,这样工作状态不好,成果差,我们也不开心。而且就算是我们坚持,但如果处理不好这种压力,迟早也会被行业淘汰。"

因此,本研究认为,既然员工可以在酒店业成功生存并稳定发展,她们一定已经拥有或正在学习处理压力与冲突的方式。否则她们会为了家庭而选择放弃这个行业,或者被行业淘汰。

4.4 研究结论

通过编码来分析采访资料并进行文献回顾,笔者确立了两条扎根理论,并对其与前人研究的差异进行了解释。虽然过去的研究认为工作—家庭冲突存在明显的双向性,并认为该冲突会对员工的职业倦怠有明显影响,但是随着时代的变化与能力的进步,个体已经逐步获得了部分缓解冲突与应对压力的能力,因此家庭对于工作的负面影响并不明显,同时工作—家庭冲突对职业倦怠的影响也逐渐减弱。然而在工作对家庭造成的冲突中,一方面由于行业的客观因素难以改变,另一方面"80后"女性员工家庭不稳定,孩子大多不满六岁,家庭需求高,个体即使主动采取解决措施,效果也会因为一些难以避免与抗衡的因素而并不理想,因此工作—家庭冲突严重。

5 对策与建议

过去的研究者就维护工作—家庭冲突平衡的建议多是从组织的层面提出的,针对本研究得出的关于"80后"酒店女性工作—家庭冲突现状及其对职业倦怠的影响的结论,现特此提出以下几点针对女性员工本人的对策与建议。

5.1 转变传统观念

长久以来,职业女性一直深受传统女性社会角色的干扰,一方面希望发展自己的事业,另一方面又受到"传统女性家庭角色"的束缚,矛盾就此产生。由于价值观不同,工作与家庭孰轻孰重也因个体的差异而不尽相同。因此,女性一定要明确自己的价值观,清楚地认识自己的愿望,确保自己不受传统角色所带来的压力的影响。只有明白自己想要什么,认清工作与家庭对于自己的重要性,才能做好取舍,合理地分配资源,尽可能化解冲突,并在必要的情况下做出最佳选择。

5.2 做好自身与家人的角色认同工作

工作与家庭作为大多数人生命中最重要的两个部分,冲突在所难免。在这种情况下,员工事先与家人做好角色认同的沟通工作十分必要。对于"80后"酒店女性员工而言,工作与家庭冲突相对严重,因此只有与家人在角色问题上达成共识,获取家人的理解与支持,员工才有可能获取工作—家庭平衡。

5.3 确保与家人的沟通顺畅

由于酒店工作压力大,员工往往会由于身体与精神的疲惫而疏忽了与家人的沟通,导致冲突产生。因此,员工一定要注意这个问题,积极地创造与家人互动的机会,保证与家人的沟通顺畅。这样不仅能够维护与家人关系的和谐,员工本身在与家人沟通的过程中也能舒缓身心压力,得到放松。

5.4 将压力转化为动力

当员工工作—家庭冲突的压力难以避免时,对于员工而言最好的方法就是化被动为主动,将压力转化为动力。员工通过这种方法积极地处理压力,将负面情绪转化为工作的动力,不仅可以提高工作效率,改善工作表现,甚至获得工资与职位上的提升,还能因此有更多的时间和机会与家人相处,以优秀的工作表现获得家人的认可,并再将这种鼓励化为动力应用在工作上,以此形成良性循环,避免工作—家庭冲突对职业倦怠的影响。

6 总结与展望

6.1 总结

本研究通过对国内外文献的研究,对 10 名"80 后"酒店女性员工进行采访并运用扎根理论分析所得数据,得出了与以往研究有明显差异的结论:

(1)"80 后"酒店女性员工在工作和家庭角色互动中,由于行业特性、情绪转移、时间与精力分配不平衡等多种原因容易产生较为严重的工作—家庭冲突,但出于维持生计的需要、员工积极寻找工作动力以及家人支持等因素,其家庭—工作冲突明显较工作—家庭冲突微弱。

(2)"80 后"酒店女性员工的职业倦怠现象主要是其职业发展阶段、工作性质及工作环境本身造成的。由于员工会有意识地将工作和家庭间角色冲突所造成的压力转换为工作动力,因此工作—家庭冲突对其职业倦怠影响不明显。

6.2 不足与展望

本研究采用的是扎根理论的研究方法,虽然这种定性研究方法有许多优点,但是仍存在许多缺点。首先,受访者在采访过程中,可能由于隐私或其他顾虑而隐藏一些真实的看法,导致研究结果存在偏差。其次,本研究的样本也存在局限性。由于资源有限,笔者只能采访到 10 名北京地区五星级酒店的员工,在样本数目与地域上比较局限,研究结果可能会受到影响。最后,虽然关于工作—家庭冲突与职业倦怠的研究已经相对成熟,但针对酒店女性员工在该方面的研究却比较少。同时,文献存在年代过旧的问题,随着时代与社会的变化,有些研究条件与结论已经不适用于现代社会。

在后续的研究中,研究人员应当扩大样本的数目与地域范围,并应将定性研究与定量研究的方法相结合。同时,由于工作—家庭冲突的表现会因家庭状况的不同而相差较远,研究人员可以针对不同家庭状况(人口组成、经济条件、家人性格特点等)分别研究工作—家庭冲突现状及其对职业倦怠的影响。

参考文献

[1] Barnett C R & Hyde J S. Women, men, work, and family [J]. American Psychologist, 2001(56): 781-798.

[2] An Yanzhen & Wright P C. The survey of work and family conflict of professional women [J]. Human Resource Development of China, 2003:56-58.

[3] Clay-Warner J, Hegtvedt K A, Roman P. Procedural justice, distributive justice: How experiences with downsizing condition their impact on organizational commitment[J]. Social Psychology Quarterly, 2005, 68(1): 89-102.

[4] Kinnunen U, Mauno S. Antecedents and outcomes of work-family conflict among employed women and men in Finland[J]. Human Relations, 1998, 51(2): 157-177.

[5] Greenhaus J H, Beutell N J. Sources of conflict between work and family roles [J]. Academy of Management Review, 1985, 10(1): 76-88.

[6] Marks S R, MacDermid S M. Multiple roles and the self: A theory of role balance[J]. Journal of Marriage and the Family, 1996: 417-432.

[7] Grzywacz J G, Carlson D S. Conceptualizing work-family balance: Implications for practice and research[J]. Advances in Developing Human Resources, 2007, 9(4): 455-471.

[8] Maslach C. Burnout: The cost of caring[M]. Englewood Cliffs, NJ: Prentice-Hall, 1982.

[9] Kopelman R E, Greenhaus J H, Connolly T F. A model of work, family, and interrole conflict: a construct validation study[J]. Organizational Behavior and Human Performance, 1983, 32(2): 198-215.

[10] Kahn R L, Wolfe D M, Quinn R, Snoek J D & Rosenthal R A. Organizational stress[M]. New York: Wiley,1964.

[11] Clark S C. Work/family border theory: A new theory of work/family balance[J]. Human Relations, 2000, 53(6): 747-770.

[12] Kanter R M. Some effects of proportions on group life: Skewed sex ratios and responses to token women [J]. American Journal of Sociology, 1977, 82(5): 965.

[13] Duxbury L E, Higgins C A. Gender differences in work-family conflict[J]. Journal of Applied Psychology, 1991, 76(1): 60.

[14] Edwards J R, Rothbard N P. Mechanisms linking work and family: Clarifying the relationship between

work and family constructs[J]. Academy of Management Review, 2000, 25(1): 178-199.

[15] Glaser B G, Strauss A L. The discovery of grounded theory: strategies for qualitative research[M]. Transaction Publishers, 2009.

[16] Frone M R, Cooper M L. Attendants and outcomes of work-family conflict[J]. Journal of Applied Psychology, 1992, 77(1): 5-78.

[17] Kossek E E, Ozeki C. Bridging the work-family policy and productivity gap: A literature review[J]. Community, Work & Family, 1999, 2(1): 7-32.

[18] 张晓春,马芳.职业女性工作家庭冲突问题及其平衡策略[Z].2012.

[19] 肖康.工作—家庭角色冲突对员工职业倦怠的影响研究[D].浙江工业大学,2011.

[20] 陈方英.酒店一线员工工作家庭冲突及其组织行为后果的实证研究[J].北京第二外国语学院学报,2011(5):71-77.

[21] 王晶,吴明霞,廖礼惠,等.国外工作—家庭平衡研究的现状述评[J].心理科学进展,2010(8):1269-1276.

[22] 刘永强.工作—家庭冲突及其平衡策略研究综述[J].外国经济与管理,2006,28(10):51-57.

[23] 李杰.酒店员工工作家庭冲突中的沟通管理[J].青岛酒店管理职业技术学院学报,2010(4):45-49.

[24] 闫晓静,杨继平.酒店服务人员角色压力与职业倦怠相关研究[J].山西科技,2006(2):85-87.

[25] 陈成.酒店员工职业倦怠影响因素研究综述——基于五大人格特质[J].现代商贸工业,2010,22(3):134-135.

[26] 杜晶晶.基于角色冲突的高校青年教师职业倦怠缓解对策[J].改革与开放,2011(20):126.

[27] 张再生.工作—家庭关系理论与工作家庭平衡计划[J].南开管理评论,2002(4).

[28] 李朝霞.工作—家庭边界特征对工作—家庭平衡的影响[D].中国社会科学院研究生院,2012.

[29] 风笑天.社会学研究方法(第三版)[M].北京:中国人民大学出版社,2009.

[30] 施特劳斯·科尔宾.质性研究概论[M].徐宗国译.北京:巨流图书公司,1997.

[31] 费小冬.扎根理论研究方法论:要素、研究程序和评判标准[J].公共行政评论,2008(3):23-43.

[32] 庞晓霞.基于扎根理论的创业女性工作家庭冲突的平衡模式研究[D].浙江工业大学,2012.

论文二

关于中国高星级酒店践行
弹性用工的可行性分析

——以北京高星级酒店为例

（**编者语**：本文以北京高星级酒店为例，对高星级酒店实行不同类型弹性用工的可行性进行了分析。论文结构完整，论述思路清晰，文献回顾较为全面，调研设计较为合理，研究结论对弹性用工的理论研究和中国酒店行业人力资源管理创新实践均有一定的借鉴意义。）

指导教师：王俞

作　　者：付艳艳

专　　业：酒店管理

完成时间：2015 年 4 月 25 日

内容摘要

　　由于每年都会有大量的星级酒店开业，中国高端酒店市场上形成了供过于求的总体格局，而在劳动力方面则面临劳动力供过于求而优质人才供不应求的矛盾（王向品，2008）。厉行节俭政策出台后，中国高星级酒店的整体业绩持续下降，而人工成本却不断增加，提高人力资源管理效率对每个酒店而言都非常紧迫和重要，技术进步也有助于突破传统的工作模式。弹性工作制度为解决这一问题提供了新的思路。另外，现有关于弹性工作制度的理论研究多局限在 IT 等脑力劳动为主的行业，而对酒店业，尤其是对中国酒店业关注较少，而且大多数弹性工作研究都是以员工性别差异及平衡家庭—工作矛盾为切入点，或就个别弹性工作形式展开讨论,很少对酒店业的弹性用工展开系统论述。

在这种背景下,本文围绕三个研究问题展开:(1)建立工作弹性分类模型;(2)中国高星级酒店采用了哪些形式的弹性用工,它们的实践效果如何;(3)酒店经理人对不同弹性用工方式的态度。本文通过梳理弹性用工文献,同时结合实地访谈,构建包括时间、数量、功能、位置、薪酬福利五方面弹性的工作弹性分类模型,并以此为依据,对北京市11家高星级酒店进行深入研究。

研究发现,数量弹性和功能弹性在高星级酒店中最为普遍,薪酬福利弹性次之,而时间弹性和位置弹性的应用则有很大限制;此外,多数酒店管理者认为现阶段在中国酒店行业广泛推行弹性用工的条件还不是很成熟。本文的主要研究贡献有两点,一是在阅读大量中外文献的基础上对现有的弹性工作理论进行综述,并创建工作弹性分类模型;二是通过对北京几家有代表性的高星级酒店的深入研究,可以窥见目前中国酒店业应用弹性工作的基本情况,从而为弹性用工的理论研究和酒店人力资源管理提供参考。

关键词:弹性用工;中国高星级酒店;人力资源管理

Abstract

With a large number of hotels springing up annually in Mainland China, the Chinese higher-end hotel market as a whole presents a status of supply exceeding demand, while the labour market is confronted with a dilemma that low skilled labour is over supplied but talent human resources in short supply. Since the Central Chinese government introduced a series of tightening government spending policies, the overall performance of Chinese luxury hotels has experienced a sustained downward. Meanwhile, China's labour cost has been on the rise over the years. Some technology advancements have also helped to break time and space limitations in traditional workplace. In this case, flexible working arrangements (FWAs) may be helpful. On the other hand, existing literatures of flexible working mainly focus on IT or other intelligence industry, paying little attention to hotel industry, especially Chinese hotels. Besides, those studies often proceed from the perspective of gender and work-life balance, or certain flexible forms, rarely systematically comment on flexible working in hotels.

Concerning above mentioned, the main objectives of this research are three-fold. Firstly, it aims to construct a classification model of flexible working arrangement based on literature reviews. Secondly, it hopes to find out what FWAs have been used in China's luxury hotels, if there is any, and their practical effects. Thirdly, it attempts to get managers' general attitude towards FWAs. Combining literature review and pre-investigation, Classification of Flexible Working Arrangements (CFWA) is proposed, including time flexibility, numerical flexibility, location flexibility, functional flexibility, and compensation flexibility. Then we conduct in-depth interviews in 11 luxury hotels in Beijing.

The research findings suggested that among the five types of FWAs, numerical flexibility and functional flexibility are mostly used by sample hotels, followed by compensation flexibility, while time and location flexibility are quite limited. And most managers suggest Chinese hotel market hasn't be prepared for the far ranging adoption of FWAs yet. Apart from CFWA model, it also contributes to the overall application of FWAs and human resource management in China's hotel industry.

Key Words: Flexible working arrangements; Chinese luxury hotel; Human resource management

1 导论

1.1 研究背景

来自中国报告大厅的《2013年中国酒店行业现状分析》指出,随着国际酒店业的发展与渗透,中国酒店行业在近些年取得了良好的发展态势,产业规模成倍数地加速发展,酒店市场总体呈现供大于求的格局,致使酒店行业盈利水平下降。2013年中央厉行节俭政策出台之后,餐饮住宿业首当其冲地受到影响,在全球经济增长明显放缓、中国经济下行压力、入境旅游者减少的复杂背景下,不少酒店收入减少,成本却并没有减少,劳动力成本是重要影响因素,因此酒店的人力资源管理也面临诸多挑战。一方面,基层员工离职率高,专业经理人员有较大空缺,缺少酒店经理人的系统规范化培训(王田田,2015);随着行业竞争加剧,很多酒店开始互挖墙脚,优秀经理人带领手下员工集体跳槽的现象也越发常见,不仅扰乱了酒店的正常经营管理秩序,增加人力成本,而且影响员工士气,不利于酒店的长远发展(王雪娇,2015);酒店工作强度大,而平均薪酬却连续多年在行业排名倒数第二位(陈灿荣,2014),极大地降低了员工对工作的满意程度。另一方面,酒店的管理体制僵化,不能很好满足新时代员工的诉求,尤其是自主性和平衡家庭—工作关系的需求。Bevan等(1999)曾指出,那些未能意识到平衡员工的工作与家庭矛盾重要性的组织将处于极其不利的竞争地位。在这种情况下，根据员工的需求适时变革酒店的管理体制，从而提高员工的工作满意度和积极性是酒店提升竞争力，实现长远发展的明智决策。弹性工作制度以灵活性和人性化管理为主要特点，在多个行业的工作实践中取得了良好效果（薛东波，2008）。本文试图在深刻了解弹性用工的基础上，探究不同的灵活用工方式在酒店行业中的可应用性及应用价值。

1.2 研究内容

弹性工作制度最初是为缓解交通压力而提出来的，后因其在提高人力资源管理效率方面的巨大优势和人性化的管理特点而得到越来越多企业的青睐（张晓刚、周恩毅，2005），也启发笔者从弹性用工安排中寻找解决中国酒店当前人力资源管理困境的思路。笔者想要研究三个问题，即（1）弹性用工包括哪些类型；（2）中国酒店行业在实际管理中都采用了哪些形式的弹性用工；（3）目前中国高星级酒店管理者对在酒店应用弹性工作的态度。

1.3 研究思路与方法

研究分为三个阶段：理论准备、预调研和深入访谈。第一步，通过文献梳理，总结出弹性用工的五个维度——时间弹性、数量弹性、功能弹性、位置弹性、薪酬福利弹性，并以此为主要框架构建 CFWA 模型（Classification of Flexible Working Arrangements），作为本文的主要研究工具；并围绕研究问题，结合 CFWA 模型，构思访谈提纲，设计访谈表格。第二步，预调研。预调研有两个作用，一是检测修正调研工具，即 CFWA 模型，将预调研结果与根据弹性工作理论构建的 CFWA 模型相对照，并对后者加以调整和补充，二是了解不同级别的酒店采取弹性工作形式的差异，因此从高档酒店、中档酒店和经济型酒店选取六家典型酒店展开调查分析。第三步，深入访谈。访谈基于访谈提纲进行，同时适时地就实际谈话内容跟进提问，以北京地区 11 家不同类型的高星级酒店为例，深入了解酒店弹性用工的实行情况。笔者将这一阶段的访谈结果用于本文的主要研究发现加以分析。

1.4 研究的创新意义

1.4.1 理论意义

弹性用工的理论研究源于西方，中国学者对弹性用工的研究，尤其是酒店行业弹性用工的研究则处于起步阶段（薛东波，2008）。笔者在 EBSCO host 和 ProQuest 国外数据库以及"中国学术期刊全文数据库"中检索"Flexible Working""Non-standard Working""Hotel Human Resources Management""弹性用工""弹性工作制度""酒店人力资源管理"等关键词，共找到直接相关的中英文文献41篇,其中中文文献仅有14篇。笔者阅读文献后发现,到目前为止,关于弹性工作的研究大多是以企业视角做综合论述,专门针对酒店行业的研究仅占文献总量的12%。外文文献中将弹性用工作为一项管理策略的最多(16篇),从平衡工作—家庭矛盾(Work-life Balance)入手的次之(11篇),还有零零散散的从时间弹性、位置弹性、弹性工作制度对个人和企业的影响等角度入手的研究,缺乏对弹性用工的全面认识,而国内学者对弹性用工的研究则理论色彩浓厚,实证成分较少,且多为对弹性用工的优势、存在问题及影响等方面的综合论述,很少系统地呈现弹性用工的不同形式。因此,弹性用工在酒店行业的应用是一个较新的研究领域,本文通过深入访谈可以为丰富弹性工作研究理论做出贡献,也将为深入研究这一课题的研究者提供理论参考。

1.4.2 实践价值

现代企业竞争的实质是人才的竞争,对劳动密集型的酒店行业而言尤其如此,吸引并留住人才,提高人力资源效率是酒店必须思考的问题。弹性用工使员工对自己的工作拥有更大的自主性和自由选择度,员工感觉自己被尊重、受重视,对女性员工而言,也有了更多的时间照顾家庭,员工对工作的满意度上升,工作积极性和工作效率也随之提高,因此合理有效地利用弹性用工的优势将增加酒店的竞争力。本次研究对中国酒店人力资源管理实践的借鉴意义较为突出。

1.4.3 研究方法的混合式设计

此次调研采用问卷与深度访谈相结合的混合式设计。首先在文献整理基础上构建弹性工作分类模型并将其作为主要研究工具;为增加调研的科学性和准确性,在深入访谈之前进行预调研,访谈提纲中增加了问卷结构,用于获取被调研酒店的背景信息和酒店管理者对弹性用工的态度;之后选择北京不同类型高星级酒店的人事经理作为深入访谈的对象,访谈时没有单纯按照访谈提纲进行,而是灵活应变,观察并体会访谈对象对弹性用工的态度。层层递进,增加预调研环节,不断反思修正调研工具,是本文的亮点。

1.5 研究框架

本文的结构共分为六部分。

第一部分,导论。介绍论文的研究背景、内容与结构、思路与方法以及研究的创新意义。第二部分,介绍酒店行业背景,包括酒店的经营现状和人力资源管理现状,再次肯定研究弹性用工在中国酒店业应用的必要性。第三部分,详述弹性工作的相关理论,概括弹性用工的起源与发展、探究弹性工作的概念并界定研究对象、呈现弹性工作的不同分类视角、整理弹性用工的优势与弊端和影响弹性用工的因素。其中弹性用工的概念分类与影响因素是本次研究的重点,在此基础上构建工作弹性分类模型 CFWA(Classification of Flexible Working Arrangements),设计访谈提纲,为下一步实证研究做准备。第四部分,研究设计与方法,介绍研究思路与计划、设计研究工具、整合调研结果。研究方法主要是深入访谈法,从酒店管理者入手了解弹性用工在酒店的实施情况,了解管理者对这种工作安排的态度。第五部分,研究发现与讨论,汇报调研结果,并展开相应的分析。第六部分,总结全文主要观点,指出研究的局限性,同时建议这一课题新的研究方向。

2 酒店行业背景介绍

2.1 中国酒店业经营现状

厉行节俭的政策出台之后,中国酒店行业总体业绩大幅下降,政务客人占比较大的酒店受到的冲击也更大,按星级来说,高星级酒店受到的影响更大。面对严酷的外部环境,各酒店纷纷寻求创新出路。

根据国家旅游局发布的《2014 年第一季度全国星级饭店统计公报》,2014 年全国星级饭店总数为 11 906 家,包括一星级 139 家、二星级 2899 家、三星级 5709 家、四星级 2400 家、五星级 759 家。面对政策等环境影响,高星级酒店正在面临经营寒冬期,三星以上酒店的经营业绩都出现了不同程度的下滑,其中三星级饭店营收下降最多(见表 2.1)。

表 2.1 2014 年第一季度全国星级饭店经营情况平均指标比较(按星级分)

指标 星级	平均房价比较(%)		平均出租率比较(%)		每间可供出租客房收入比较(%)		每间客房平摊营业收入比较(%)	
	环比	同比	环比	同比	环比	同比	环比	同比
一星级	-0.05	-6.99	-13.99	-7.08	-14.03	-13.58	-8.02	-16.52
二星级	-4.26	0.52	-11.56	-5.12	-15.33	-4.62	-15.23	1.53
三星级	-6.78	-1.05	-13.82	-5.68	-19.66	-6.66	-14.94	-17.90
四星级	-4.20	-3.80	-15.98	-5.65	-19.51	-9.24	-18.99	-13.86
五星级	-2.59	-3.27	-15.27	-3.19	-17.46	-6.85	-16.03	-9.11

资料来源:2014 年第一季度全国星级饭店统计公报, http://www.cnta.gov.cn/html/2014-5/2014-5-30-10-18-21885_1.html.

迈点旅游研究院(2014)指出,自 2012 年至 2014 年期间,北京酒店市场客房供给量与需求量均逐步放缓,2014 年初,需求量逐渐回升。具体而言,供给量以 5%的增幅趋于平稳,而市场需求在2012年初即出现同比下降,2013年年末,该指标呈现负值下降,其后反弹增长至今。

表2.2 2011—2014年第一季度北京星级饭店经营情况统计表

指标 年份	数量 (家)	营业收入 (亿元)	餐饮收入 比重(%)	客房收入 比重(%)	平均房价 (元/间夜)	平均出租率 (%)	每间可供出租 客房收入 (元/间夜)	每间客房平摊 营业收入 (元/间)
2014	588	54.28	31.61	45.51	517.81	47.69	246.95	47 583.18
2013	593	62.06	33.32	44.98	522.03	50.90	265.73	51 680.36
2012	584	295.37	33.87	46.70	520.45	60.63	320	249 700
2011	565	262.94	32.64	46.43	494.85	62.04	310	233 020

资料来源:2011年/2012年/2013年/2014年第一季度全国星级饭店经营情况统计表(按地区分)。

从表2.2中可以看出,北京的星级酒店经营业绩总量在2013年急剧下滑,且处于持续下降状态。可见,受中央反腐倡廉政策的影响,北京星级饭店的营业额大幅下跌,2014年星级饭店总数略有减少,但仍保持在较高水平(588家),在需求不足的背景下竞争更加激烈。为求得生存,饭店在创新营销思路、提高服务质量的同时必须提高资源利用率,压缩不必要的成本,尤其是人力成本。

2.2 酒店人力资源管理环境

2.2.1 酒店人力资源管理内部环境

中国饭店业10年前在用人方面的优势非常明显,可以从院校、社会上招聘到众多优秀的员工。现在,其他行业的薪水、福利、工作环境、学习等条件均比饭店要好,饭店业逐渐丧失了往日吸引人才,尤其是高层经理人的优势(王向品,2008)。现阶段很多酒店仍然采取传统的人事管理方式,强调管理而忽视激励,重使用而轻开发,也使得员工的工作满意度下降,进而加剧了员工流失。据估计,全球酒店业每年的员工离职率在60%~300%。

酒店因其行业性质的特殊性——劳动力高度密集,而使人力成本在酒店的总成本中占据举足轻重的地位。根据和泰盛典的统计数据,2014年度饭店的人工成本率为33.19%,较2013年同比上升2.33%,而且各星级饭店人工成本率同比均有较大幅度上升。2014年,全国星级饭店员工平均薪酬为2504元人民币,较2013年的2378元上涨了126元。而北京市人力资源和社会保障局、北京市统计局发布的数据显示,2013年北京全市职工平均工资为69 521元,月平均工资为5793元,饭店员工的平均工资远低于全市职工平均工资(见图2.1、图2.2)。

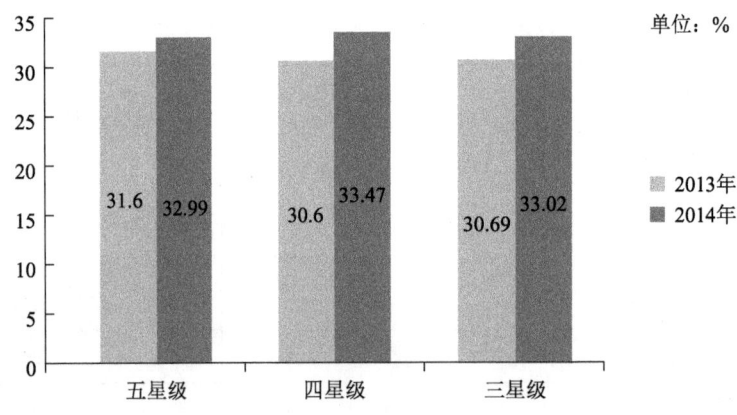

图 2.1　2013—2014 年人工成本率对比

资料来源：和泰盛典，2014 年度饭店员工成本率统计。

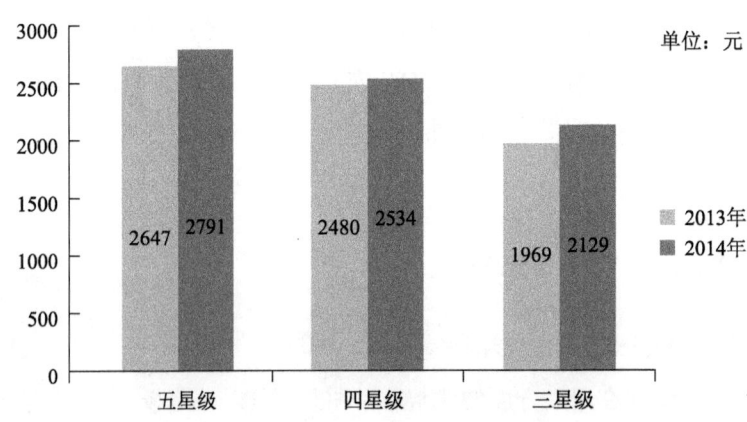

图 2.2　2013—2014 年饭店员工薪酬对比

资料来源：和泰盛典，2014 年度饭店员工薪酬统计。

迈点网 2013 年发布的《2013 理想酒店雇主特征调查报告》显示，只有 30% 的酒店人表示有幸福感，其他的调查者表示没有感觉、没有幸福感甚至是非常糟糕。对于不满意的原因，排在首位的是薪酬福利水平，其次是职业发展和管理人性化。从图 2.3 可知，多数员工还是很看重福利发放的，但认为与同行相比福利水平较低。据统计，2013 年员工平均流失率达到 57%，全国酒店的平均人工成本高达 30.8%（陈灿荣，2014），而新员工服务质量水平普遍低于老员工，很难提供高品质的服务（杨云，2014）。可见，酒店的员工成本率持续攀升，而原来的管理制度已经无法满足员工的需求。

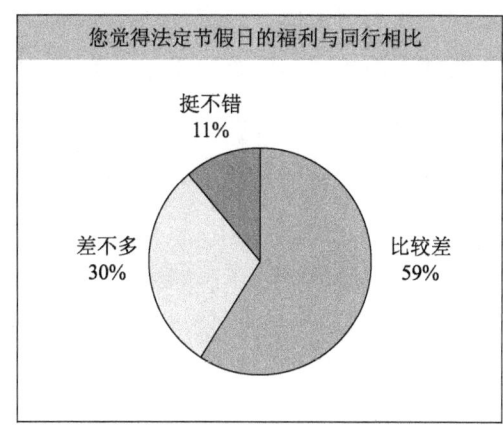 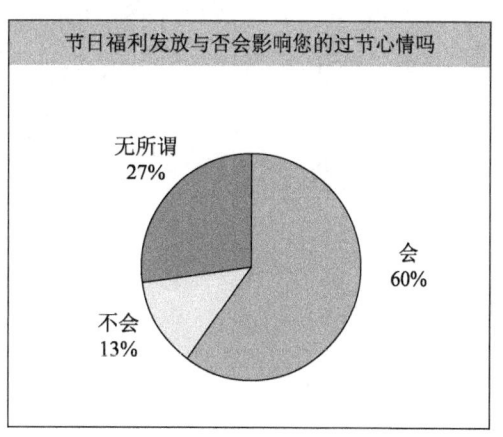

图 2.3　酒店员工对法定节假日福利的感知

资料来源:中国报告大厅(www.chinabgao.com)。

与其他行业不同,酒店的运作尤其需要人力的支撑,为了"减负",很多酒店纷纷采取"轻"人力策略(即聘用外部员工),常见的有外包和劳动派遣。作为服务性行业,女性员工在酒店中占很大比重,很多女性员工为了兼顾家庭与工作而疲惫不堪,人性化管理要求酒店给予女性员工更多的照顾和便利。而这些实际上在某种程度上就体现了酒店工作的弹性。本文试图回答酒店工作可以在哪些方面实现弹性,换言之,酒店有哪些弹性形式的工作,这些弹性用工在实践中的效果如何,以及从管理者的角度看,弹性用工在酒店是否可行。

2.2.2　酒店业人力资源管理外部环境

酒店人力资源管理的外部环境也面临诸多挑战——经济全球化、创新要求、知识经济兴起并持续发展、技术尤其是员工交流与招聘的社会网络日新月异、全球经济危机给企业造成的降低成本的压力以及社会对平衡家庭与工作关系的新的态度等。经济全球化的发展增加了企业间的竞争以及不确定性因素,加上企业国际化、自动化的冲击,各企业无不努力追求最佳的方式以提升效率及生产力。知识经济时代,越来越多的劳动者从长期稳定的工作转向非固定的或短期合同工作形式(Jose et al.,2012)。科技的进步使组织较容易将生产专门化,便于组织快速招募到合适的临时性员工(王淑芳,2007),而且有利于实现企业内部信息的实时沟通,使员工即使不在公司也能掌握公司的动态,使得饭店的用工形式更加灵活。我国的市场经济模式日益成熟,人们的思维方式和就业方式也发生很大变化,临时雇佣制度将成为未来就业市场的主要趋势之一(杜雯蓉,2003)。

自 2014 年 4 月 1 日起北京市上调最低工资标准,酒店将面临更大的人力成本压力。近二十年来,酒店员工,主要是基层员工的工资止步不前,即使上涨,上涨的幅度也微乎其微。很多时候包吃住成为员工(尤其是外地员工)到酒店工作的主要原因。随着酒店工资与其他行业工资水平差距不断增大,工资上涨的速度远远落后于物价上涨的速度,酒店员工流动率上升和出现"招工荒"的现象也就不足为怪了。如果酒店仍然固守传统的僵化的管理制度,只把员工看作盈利的工具而不去分析并满足他们多元化的需求,上述问题将很难得到解决。弹性用工则正好具备满足员工多层次需求的特点,既包括工作时间和工作地点上的灵活性,同时也包括关乎员工切身利益的薪酬福利方面的人性化。

2.3 小结

酒店人力资源管理的内部和外部环境因素可以用图2.4直观地概括。

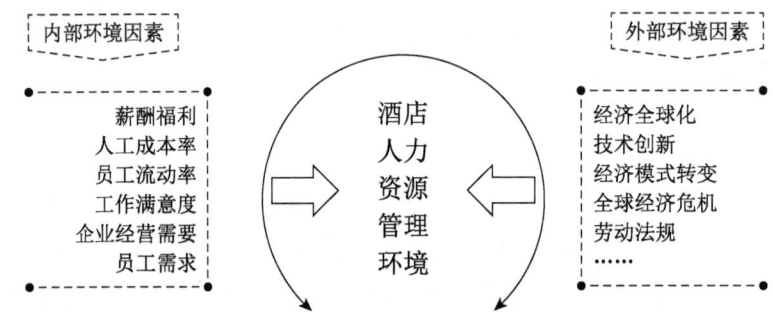

图2.4 酒店人力资源管理内外环境因素

一方面,酒店经营面临困境,营业收入较往年大幅缩水,另一方面,人工成本面临持续上升压力,且常年的低工资水平制约着员工的工作满意度,成为员工流失的主要诱因(龚艳艳,2012)。面对复杂的经济和政治环境,不同类型的酒店都在调整定位,寻找发展机会,中国酒店市场的竞争仍将非常激烈。如何有效地降低人力成本,调动员工的工作积极性,提高管理效率是每个酒店经营者必须考虑的课题,而以尊重员工自主性,节省不必要开支见长的弹性用工制度成为新的工作趋势之一。本文在北京选取几家典型的高星级酒店进行深入访谈,旨在探究酒店应用弹性用工的可行性与实际应用情况,以期为酒店行业的管理体制改革提供参考。

3 关于"弹性工作"的理论综述

3.1 弹性工作的发展演变与概念理解

弹性工作(Flexible Working)是20世纪60年代由德国经济学家提出的,当时是为了解决职工上下班交通拥挤的困难。从20世纪70年代开始,这一制度在欧美国家和地区得到了稳定的发展。20世纪90年代末,中国部分用人单位也开始实行弹性工作制(薛东波,2008)。除了节省交通成本的原因外,弹性工作实践也受到竞争压力的驱使,同时也是员工流动率和公司内部流动率双高的结果(Carnoy et al.,1997)。根据马斯洛需求理论,人们需要的不仅是温饱,还需要爱和归属感。相比男性,女性员工对家庭的投入和重视更多,她们更容易面临家庭与工作之间的矛盾,她们希望能够兼顾工作与家庭,期待更为灵活的工作安排。Johnson J. (2004)则认为,企业引入家庭友好型的弹性政策是对政治压力和机会均等思潮的回应。从心理学角度分析,它给予了员工更多的自主权和责任感,顺应了员工的精神需求,员工有机会尝试"自我管理"并受到尊重,从而激发了员工自主贡献的热情(张晓刚、周恩毅,2005)。全球化和技术进步也推动弹性工作不断创新形式。虚拟工作调查报告指出,随着全球合作的重要性日益凸显,虚拟工作团队得到更多的应用,快速变化的科技与不断丰富的合作软件为虚拟工作提供了便利。这些条件使得传统的工作方式受到挑战,灵活工作安排的可能性和可行性也随之增加。

弹性(flexibility)多被理解为应对变化的能力(Jagoda,2013),以往的研究者对弹性工作制度的研究采用的表述有"非典型雇佣""非正式用工(Casual Work Arrangements)""灵活用工""柔性管理""非全日制用工""非标准用工""混合雇佣"与"弹性用工",这些表述具有极大的相似性,但具体适用对象又有所差异。不同学者在弹性用工问题上的观点如表3.1所示。

表3.1 对"弹性"的不同理解

弹性用工的相近概念	提出者	含义
非典型雇佣 (Atypical Employment)	Pofivka(1996)	通过职业中介机构安排,往往对工作地点、时间与数量具有潜在的不可预期性的工作安排
非正式工作 (Non-standard Work)	王娜(2006)	相对于在编正式员工而言,他们与单位确立了不同于正式员工的劳动关系或没有同单位签订正式劳动合同,按照其素质、工作特点、工作方式及在薪酬方面的不同,一般可分为四类:临时工、实习生、租赁员工、特别聘用人员与顾问人员
人力资源柔性管理 (Flexibility)	Blyton & Morris(1992) 许瑛、杨惠兰(2004)	组织灵活运用人力资源要素包括结构、工作时间等,以适应组织规模和组织结构变化需要
	White(1998) & Wilkinson(2002)、朱平利(2007)	除上述提到的要素外,也包括企业对雇佣方式、工资水平和产品价格的相应调整和变化

续表

弹性用工的相近概念	提出者	含义
非全日制用工 (Part-time Work)	国际劳工组织(1994)	正常的工作时间少于可比的全日制用工,劳动者可以与多个用人单位建立劳动关系
	中华人民共和国劳动和社会保障部(2003)	劳动者与任意一方用人单位发生的争议,均属于劳动争议的范畴
非标准用工 (Casual Employment)	Rau(2003)& Catalyst(1997)	包括灵活重组完整工作日(如灵活工时、压缩工作周)、减少工作时间(如兼职、工作分享和自愿放弃工作时间)以及离开工作场所办公(如远程办公)
混合雇佣模型 (Hybrid Arrangements)	Lepak D.& Snell S.(1999)	由知识型雇佣、基于工作型雇佣、合同型雇佣和联盟/伙伴型雇佣构成,使企业既能拥有具有长期优势的核心人力资本,又可以根据内外部环境的变化灵活调整员工的构成,降低人工成本
弹性工时制 (Flexible Work Arrangements)	张小刚、周恩毅(2005)	在完成规定的工作任务或固定的工作时间长度的前提下,员工可以自由选择工作的具体时间安排
	Maxwell G.(2007)	"弹性"也包括非正式的弹性用工,即员工个人之间的协商调整

弹性用工与灵活用工基本上是同一的。田野(2013)指出,灵活用工绝不等于短期用工,而是指用工条件的自由组合及用工模式的多样化,其多样化体现在用工模式、工作时间、地点、环境、薪酬和管理方式等多方面,灵活主要体现在劳动关系双方当事人自主协商,就用工条件自由组合。上述概念对于"弹性"的理解虽各有侧重,但都强调根据企业内外部情况调整人员配置,减少人力资源的浪费,使人力资源配置最优化。本文中"弹性用工"指不同于固定时间、固定环境的高度结构化的传统工作制度,灵活组织人力资源要素,包括时间、地点、数量、薪酬等,选择合适的员工在合适的岗位以合适的方式工作。本文将弹性用工的适用对象定义为与酒店直接签订劳动合同的员工,因此外包和劳务派遣形式的工作并不在本文的研究框架之内。

3.2 弹性用工制度的形式与分类

马克思说过:"劳动生产力是由多种情况决定的,其中包括工人的平均熟练程度,科学的发展水平和它在工艺上应用的程度,生产过程的社会结合,生产资料的规模和效能,以及自然条件。"《豁然开朗》第一部中提到:任何历史时代,人类生产和生存都要依赖劳动、土地、资本、信息、知识、环境六个要素,"一个都不能少"。具体到企业经营,生产力要素应包括劳动者、劳动关系、劳动时间、场所、资源、薪酬、信息、知识等。沿着这种思路对弹性用工进行分类研究,笔者认为 Reiliy 和 Fagan(1995)与 Rimmer 和 Zappala(1988)的分类比较全面。前者将弹性工作类型分为五类:功能弹性、数量弹性、时间弹性、距离弹性和薪资弹性,而后者则将弹性按数量、时间、功能、薪资和程序(Procedural Flexibility)分为五类(见图 3.1)。

A classification of flexibility	
1. Numerical flexibility	The right to hire and fire staff to suit the prevailing economic conditions
2. Work time flexibility	The ability to adjust time and quantity of work time with relation to overtime, shift-work, flexible starting times and stand down arrangements
3. Functional flexibility	The ability to extend the range of tasks a worker can perform
4. Wage flexibility	The ability to alter wages and conditions to suit the prevailing economic conditions
5. Procedural flexibility	The establishment of a procedural framework which will allow consultation and negotiation to occur at an enterprise level between an employer and their employees

Source: Adapted from Rimmer and Zappala (1988)

图 3.1 弹性分类

下面逐个分析各生产力要素的弹性表现。

3.2.1 时间弹性(Time Flexibility)

时间弹性指企业安排员工不同的工作时间或工作时数,以应对企业经营状况或顾客需求的变化。弹性用工制度最初被理解为"弹性工时制",即工作时间上的弹性安排。Jagoda(2013)认为时间弹性有两个决定因素,即工作时间总数和工作时间安排。前者指工作的小时数,包括兼职和减少工作时间;后者指工作时间框架,表现为选择几天或几个时间段工作,包括年工作时、压缩工作周、任务导向的工作时间、间断工作时间等。

张小刚(2005)认为弹性工时(Flexitime)主要有三种形式——核心时间与弹性时间结合制、成果中心制、紧缩时间制。核心时间是员工必须到公司上班的时间,弹性时间则是员工可以自由选择的时间。如图 3.2 所示,同样是 8 小时工作制,除了 9:00~15:00 必须在公司,员工可以自由选择剩余 3 小时的工作时间。成果中心制指公司只考察员工的劳动成果,不规定具体工作时间。紧缩时间制指员工可以用更短的时间完成同样的工作内容。

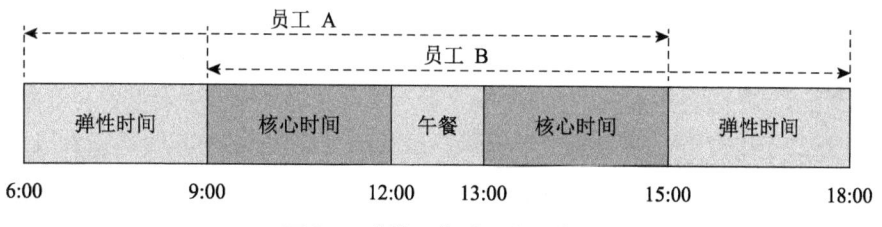

图 3.2 弹性工作时间安排范例

资料来源:薛东波.弹性工作制离我们有多远[J].人力资源,2008(8).

王娜(2006)采用了类似的分类标准,但她提出另一种弹性形式——工作分担(分享)方案,可以由两个或更多的人来分担一个完整的全日制工作,如图书馆员的工作。Baines A. (1995)在工作分享的基础上还创新性地提出"分享时间"(Time-sharing),即一个人为多个组织工作的情况。Brien T. O.和Hayden H.(2008)提出一个弹性用工的综合分类,其中提到了年工时(Annualized Hours),即规定一年的工作计划或工作时间总量,但可以根据实际情况灵活安排;错开工作时间(Staggered Hours),即不同员工工作时间的起始点不同;工时分担(Work Sharing),即采取全职以外的工作模式,如每天只工作半天,或每周只工作四天等,但这种形式的工作对沟通与合作的要求很高。Luckock S.(2007)指出,对工作分享(Job Sharing)而言,工作的权力和利益在两个或多个人中间平均分配;而对于一工分做(Job Splitting)而言,工作均等地分配给两个或多个人,但工作时间依实际经营情况而定,不同于工作分享的固定工作时间。

综上所述,对时间弹性进行总结(如表3.2所示):

表 3.2 时间弹性

A 时间弹性	A1 核心时间+弹性时间	核心时间是每天几个小时所有员工必须到班的时间,弹性时间是员工可以在这部分时间内自由选定上下班的时间
	A2 成果中心制	不规定具体时间,只要在所要求的期限内按质量完成任务就付给薪酬
	A3 紧缩时间制	如可以将一个星期内的工作压缩在二三天内完成,剩余时间由自己处理
	A4 年工时制	一年工作总小时数确定,但具体工作时间可灵活安排
	A5 工作分享	允许由两个或更多的人来分担一个完整的全日制工作,如图书馆员的工作
	A6 一工分做	允许两个或两个以上人分担一项工作,以工作内容而非工作日为分割单位
	A7 工作分拆	一个完整的工作日时长分成不连续的几段完成

3.2.2 数量弹性(Numerical Flexibility)

数量弹性指调整员工的数量,使雇用水平适应市场需求(Hanratty,2000),多使用诸如临时人员、兼职人员、短期合约工、人力派遣等外部劳动市场。孙兆阳(2011)通过调研发现,数量弹性在饭店业的主要表现方式包括大量使用临时工和兼职工、减少人员数目、外包和降低工资。很多酒店采用多种合同的方式来增强对员工的控制和减少劳动成本,在逐渐减少正式工的同时,开始增加其他用工的数量,其形式主要包括:散工、兼职工、实习生(学生)、临时工。采用兼职员工使得酒店可以根据需求的波动调整员工数量(Johanson M. & Cho S., 2007),提高企业的应变能力和生存能力。

合同是建立劳动关系的保障。Ray D.(1995)指出,经济生活中有两种劳动合同——非正式劳动合同(Casual Labor Contract)和固定劳动合同(Tied Labor Contract),非正式劳动合同中劳动者与雇主的关系往往是阶段性的。Gibson V.(2003)认为在员工层面,弹性工作制度可以按照合同、时间和位置划分,其中合同弹性包括外包合同(Outsourced Contractors)、固定期限的合同(Fixed Term Contracts)、自我雇佣合同(Self-employed Consultants);当下又出现一种新的合同用工——零时工合同(Zero Hours Contract),指雇主雇佣员工却不保证给其安排工作的合同情形,在国外,为降低失业率,一些酒店采用了这种用工制度,在国内尚未发现有企业采用这种工作安排。

由于合同弹性与数量弹性的意义多有重叠,都会直接影响企业的员工配置,故将合同弹性整合到数量弹性中,总结出数量弹性的主要结构(见表3.3)。

表 3.3 数量弹性

B 数量弹性	B1 长期兼职	在酒店工作时间超过一年的兼职,通常以小时计工资
	B2 短期兼职	在酒店工作时间不到一年的兼职,通常以小时计工资
	B3 租赁员工	把酒店员工租赁给其他酒店或公司
	B4 实习生	在校学生
	B5 短期合约工	如项目顾问、临时工等,一旦项目终结,合作关系即告结束
	B6 临时工	酒店的临时性、季节性用工,分为约聘雇员(合同工)和人力派遣
	B7 零时工合同	员工只在有工作要求时干活,需随叫随到,做多少工作拿多少报酬

3.2.3 功能弹性(Functional Fexibility)

功能弹性指使用可以胜任不同工作的多技能员工(Atkinson,1985),与之相对应的是有单一技能的员工和无技能的员工。Fraser K.和Hvolby H.(2010)认为,多技能的劳动力使公司可以快速回应突发或非常态的需求。功能弹性常采取交叉培训的方式,朱平利(2007)认为,除了办公环境外,工作轮换制度也是弹性工作的一种表现,可以使员工挑战不同的工作任务,获得工作上的成就感。

学者Aikinson(1984)将企业人员区分为核心员工(Core Workers)、边缘员工(Peripheral Workers)以及外部员工(External Workers),这三类员工在企业中发挥的作用不同。类似地,英国企业管理专家Charles Handy的三叶草组织理论(Shamrock Organization)也把企业员工分为核心工作团队、外聘性质人员与弹性劳工。不同层次的员工适合不同形式的弹性工作制度:核心员工适合发挥功能弹性优势(Gibson V.,2003);边缘员工的技能要求不高,可以安排更多的数量弹性,以减少劳动成本(孙兆阳,2011)。

功能弹性的分类如表3.4所示。

表3.4 功能弹性

C 功能弹性	C1 单一技能员工	专才,即对某项工作特别擅长
	C2 多技能员工	多面手,能胜任多项工作
	C3 无技能员工	工作对技能水平要求不高,主要是一线基础操作,如引导员

3.2.4 位置弹性(Location Flexibility)

位置弹性指改变固有的工作场所观念,使员工可以在企业以外的场所工作,诸如SOHO族。Gibson V.(2003)指出,信息通信技术的普遍使用为员工灵活安排工作提供了很多便利。员工采取的远程工作(Remote Working)形式包括部分或全部时间远程工作(Part or Full-time Telecommuters),在酒店办公(Hotel-based Workers),拴放型(Tethered Workers),在家办公(Homeworkers),全流动型员工(Fully Mobile Workers),在客户的房间工作(In Clients' Premises),在从属办公室工作(At Satellite Offices),或者其他非办公环境。Stanworth(1998)将在家工作细分为部分时间在家工作、完全在家工作,以及自由职业者(Freelance Tele-homeworkers)。亦有很多学者(Mulki J. et al., 2009)将这种空间位置上的灵活工作安排称为虚拟工作(Virtual Work)。Gibson V.(2003)同时指出物理工作环境应该与时俱进,通过多样化的设置满足员工的需求和适应工作需要,例如开放规划区(Open Plan Areas)用于一般行政工作,会议室用于团队活动,分格式房间(Cellular)用于静心凝神地工作,社交场所(Social Space)用于内部人员联络。

本文探究的重点是以员工为主体的弹性工作安排,因此物理工作环境的布置不在本文的讨论范围之内。综上所述,笔者认为位置弹性主要包括以下四种形式,如表3.5所示。

表3.5 位置弹性

D 位置弹性	D1 在家办公	员工没有办公室,而是在自己家中办公
	D2 远程办公	借助移动电话、传真机、语音信箱、互联网、电子邮件和音频视频会议软件等工具,在传统办公地点范围之外进行协同工作
	D3 酒店办公	员工没有固定办公室,但在酒店中有一个"房间",他们在那儿接打电话,用便携式计算机联网工作
	D4 全流动型	甚至没有家庭办公室,他们在路上或客户那里完成工作,如销售和客户服务人员

3.2.5　薪酬福利弹性(Compensation Flexibility)

薪酬福利弹性表现为不同的薪资福利政策或利润分配政策(Podnar, 2010),根据员工的实际需求调整薪酬体系(Hanratty, 2000; Dyer, 1998)。弹性薪酬指员工工资具备一定的浮动空间,主要体现为绩效工资。弹性福利制度(Flexible Benefit System)是企业在固定的福利费用预算内,针对不同层次员工的个性化福利保障需求,设计和实施多样化的福利项目供员工选择,使每个员工的福利保障需求得到最大满足的制度(文跃然,2003)。

节日福利是一种较为普遍的福利来源,具体到酒店行业,员工享有的节日福利主要是实物,如洗护用品、柴米油盐等日常生活所需等,其次是现金和礼券等,如图3.3所示。

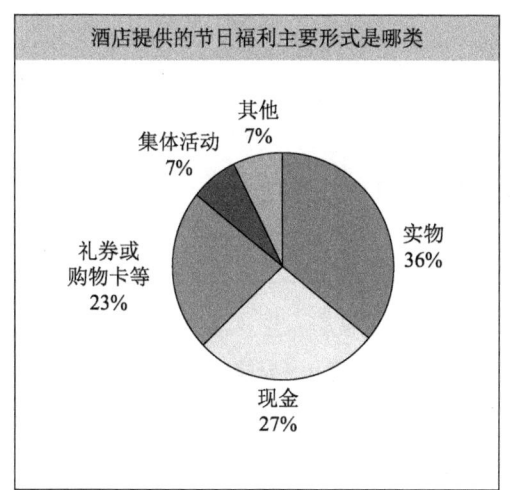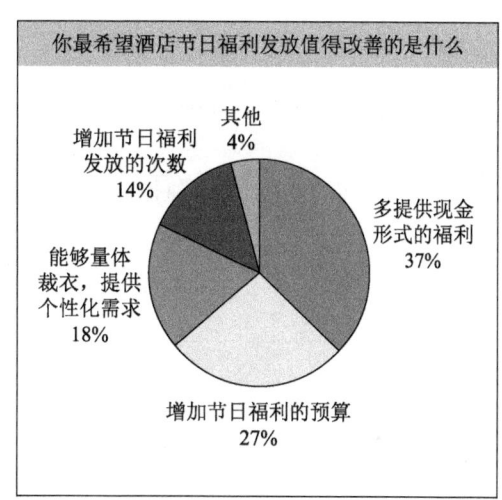

图3.3　酒店员工节日福利现状调查

资料来源:迈点旅游研究院.2013酒店员工节日福利现状调查报告[EB/OL].http://roll.sohu.com/20130204/n365508562.shtml.

傅政霖(2010)指出,"一刀切"地分发某物品或推行某项福利,有时候非但起不到实施福利的效果,反而会适得其反。弹性福利则让员工可以自主选择自己的福利计划,并获得被尊重的感觉。员工福利计划(Employee Benefit)出自美国,所指比较笼统,一般是指企业为员工提供的非工资收入福利的综合计划,其所包含的项目内容可由各企业根据其自身实际情况加以选择和实施。员工福利计划是弹性福利的雏形,主要由以下部分组成:国家规定实施的各类基本的社会保障、企业年金(补充养老金计划)及其他商业团体保险计划、股权、期权计划、其他福利计划等(见表3.6)。

表 3.6 福利计划的划分

经济性福利	设施性福利	工时性福利	娱乐性及辅助性福利
1.退休金 2.团体保险(寿险、疾病保险) 3.员工眷属保险 4.分红入股 5.节假礼金 6.年终奖金 7.健康检查 8.眷属补助 9.急难救助及员工抚恤 10.伙食补助 11.特约商店	12.员工餐厅 13.公司福利社 14.教育性服务(如图书馆、阅览室) 15.幼儿园、托儿所 16.停车设备 17.交通车	18.年度特别休假 19.周休 20.育婴假 21.产假	22.员工旅游 23.员工一般性教育训练(如语言) 24.组织员工社团活动 25.文艺活动 26.关怀新人

资料来源:傅政霖. 我国企业实行弹性福利制度探究[J]. 嘉兴学院学报,2010(9).

综上所述,总结出薪酬福利弹性的主要结构如表 3.7 所示。

表 3.7 薪酬福利弹性

E 薪酬福利弹性	E1 弹性薪资		固定工资+绩效工资
	E2 弹性福利	E21 经济性福利	如年终奖、三节礼金、伙食补贴、健康检查、分红入股、眷属补助等
		E22 设施性福利	班车、幼儿托管中心、图书馆等
		E23 工时性福利	产假、育婴假、年度特别休假、周休等
		E24 娱乐性及辅助性福利	员工旅游、培训与能力提升、文艺活动等

3.3 弹性工作的优缺点与可行性理论分析

3.3.1 员工角度

3.3.1.1 弹性用工带来的好处

弹性工作使员工对自己的工作拥有更大的自主权,在某种程度上减少了每天在交通上花费的时间,对女性员工来说可以更好地照顾家庭,而且对某些员工而言,他们可以同时有更多的工作选择(如在多个公司工作),从而获得更多的收入(Idris A., 2014; Wheeler & Buckley, 2001; Gilder & Commitment, 2003; 杨芳, 2013)。Scandura 和 Lankau(1997)总结道:灵活的工作安排可以使员工承受较少的压力,使工作内容更加丰富并降低缺勤率,提高工作效率和满意度。员工也可以获得更多培训的机会,增强知识能力。

3.3.1.2 弹性用工的弊端

并非所有的员工都对弹性工作形式持赞成意见(Jagoda,2013),以兼职员工为例,他们往往享受不到全职的相应津贴福利,工作不稳定,没有保障,受到培训或晋升的机会少。组织习惯性地通过一个员工"露脸"的次数作为其对自己的职业和组织忠诚的外在表现,那些选择灵活的工作场所(不在公司办公)的员工还往往被认为是工作不够投入,员工也担心会因此错失一些好的发展机会(张小刚、周恩毅,2005)。而且社会对兼职人员的认可度不高,好像只有没有能力的人才做兼职。工作分享也可能会带来不便(如分享工作区域,不同工作习惯的员工之间的摩擦)。在很多情况下,工作虽然更加富有弹性,但工作任务不减反增,员工们或者需要在有限的时间内为完成工作而承受巨大的压力,或者不得不"隐性加班"(得不到公司的承认和补偿),员工获得加班费的权利实际上被剥夺了。他们往往难以平衡工作和生活,正常的生活节奏反而被打乱,不利于身心健康,造成孤独感(孙兆阳,2011),还会对其他家庭成员造成影响(Johnson J.,2004)。

3.3.2 企业角度

3.3.2.1 弹性用工带来的好处

灵活的工作安排满足了不同员工多层次的需求,体现出企业对员工的人文关怀,从而有助于提高员工满意度,增加员工忠诚感(Teasdale N.,2013),而员工的工作满意度上升对公司的整体发展帮助很大,尤其是有利于提高公司的知识管理水平,增强创新活力(Idris A.,2014)。Gregush(1998)研究发现,利用弹性工作制返聘员工可以防止企业知识流失。杨继莲学者从另一个角度肯定了弹性工作制度的这一优点,他认为通过赋予员工更多的自由时间来平衡工作和家庭的关系,提供给员工更多学习进修的时间和机会能更好地满足企业的核心人才对自主性的需求。弹性用工还可以减少上班期间员工因个人原因(如上厕所、临时就医等)占用工作时间给公司造成的损失。

3.3.2.2 弹性用工的弊端

弹性工作安排可能造成公司管理上的混乱,需要企业建立科学准确的考勤制度。非正式员工之间能否配合得当也是一个很现实的问题(Jagoda,2013),沟通不足不仅会降低工作效率和质量(Ford & Randolph,1992),而且会造成员工之间的冷漠,可能损害企业的稳定性(魏翔,2008)。非正式员工的进入,导致正式员工在心理上产生危机感与不安全感,影响正式员工对于企业的忠诚度和向心力,导致员工的士气、工作质量和企业利润下降(成之约,1999;卢静,2005)。弹性用工制度也可能增加企业的成本,例如培训临时工和承包商的成本,经过培训的员工不能够继续留在企业工作时,会导致培训费用的流失等(Johnson J.,2004)。

3.3.3 提高弹性用工可行性的对策

一个事物从兴起到流行一定有其内在价值作为支撑,弹性用工逐渐成为一种新的工作方式,其优势是显而易见的,对员工而言,最主要的是工作更加便利,自主性得到尊重,对企业而言,则体现在控制成本和提高效率方面。同时,弹性工作制度不可能满足所有利益相关方的需求,对其潜在的弊端也必须引起重视。基于本节前两点的论述,用图表直观地呈现弹性用工对员工和企业的不同影响(见图3.4)。

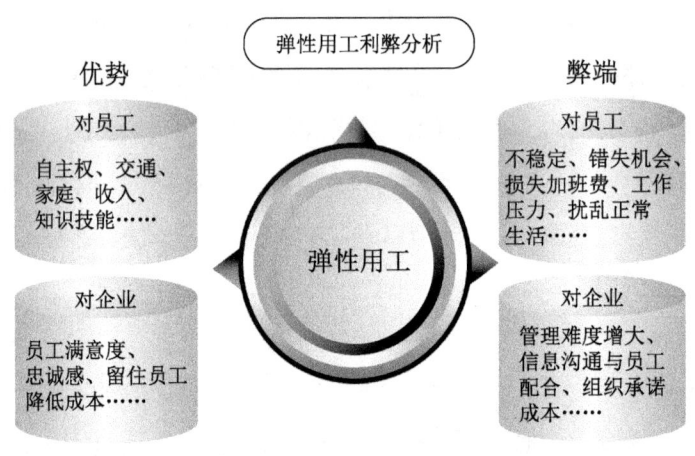

图 3.4 弹性用工利弊分析

虽然弹性工作制度对员工和企业而言各有利弊,但实际上员工往往处于更为不利的位置。工作的弹性规则是由企业制定的,所以根本上是从企业的利益出发的。对于特别重视人力成本控制的酒店而言,弹性用工更多的是作为一种简化人员配置、降低成本的管理策略,加班费成为员工与酒店在弹性用工问题上争论的焦点。

针对中国企业实行弹性工作制度时可能面临的这些问题,不少学者也探究了相应的解决之策。薛东波(2008)认为,实行弹性用工制度,需要形成自律务实的企业文化,保持畅通高效的沟通渠道,并保证制度实施稳步推进。范德成和刘延静(2009)的建议更为具体,主张在企业内加强宣传和管理力度、建立完善且合理的绩效考评制度、做好内部沟通(定时召开例会,利用新的沟通媒介加强员工之间的联系),并明确提出要依法处理加班费问题的争议,而很多员工缺乏争取应得加班费的意识和渠道。据了解,实行工作时间弹性的劳动者,其应得加班费分为两部分:一是其在"五一"等法定节假日工作,用人单位须依法支付3倍工资,且不得以补休、调休等形式抵充;二是对从事不定时工作的劳动者,每周应有一天休息日,在这一天工作的应计加班费;对实行综合计算工时制的,其平均日工作时间及平均周工作时间应与法定标准工作时间基本相同,即平均每日不超过8小时,每周不超过40小时,按此标准计算,超出的工作时间应发给加班费。

3.4 小结

以往关于弹性用工的理论大致可以分为三个方向:

(1)弹性工作制度作为一种人力资源管理策略的特点及应用条件。

(2)单一维度(时间、空间或薪酬福利等)工作弹性分析。

(3)弹性工作制度的影响及对策研究。

本部分在广泛阅读大量文献的基础上多方位多角度地认识弹性用工制度,探究了弹性工作制度的起源和发展,辨析"弹性"概念,以生产力要素为切入点梳理弹性用工的不同类别,整理弹性用工对员工和企业的不同影响,以及克服弹性工作制度弊端的相应对策。其中弹性用工的不同类别是本文研究的重点,也是构建弹性工作分类模型的主要依据。

4 研究设计与方法

4.1 研究思路

研究分三个阶段,一是前期理论准备阶段,通过文献梳理,构建弹性工作分类理论模型(Classification of Flexible Working Arrangement),即 CFWA 模型。二是根据 CFWA 模型设计访谈提纲,进行预调研,检测修正调研工具(CFWA 模型)。三是依据修正过的 CFWA 模型选择典型酒店进行深入访谈(半结构式)。调研过程结束之后,整理访谈结果,分析讨论调研结果。研究思路框如图 4.1 所示:

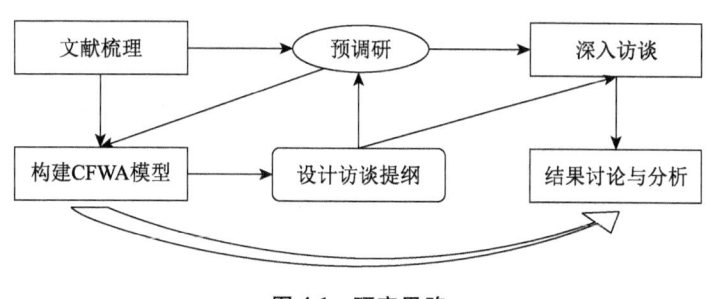

图 4.1 研究思路

4.2 实证研究设计

4.2.1 研究目的

弹性工作制度最显著的特点在于它的灵活性,符合人性化管理的需要,因而越来越得到员工,尤其是知识型员工的欢迎,在多数行业取得了良好的实践效果。那么,这种工作制度的优势是否可以帮助解决中国酒店业当前面临的人力资源管理困境呢?本文的研究目的在于探究目前中国酒店业出现了哪些形式的弹性工作,它们实施的效果怎么样,将弹性用工引入到酒店业存在哪些限制或障碍,以及酒店管理者是否愿意采用弹性工作制度。通过文献梳理,本文将弹性工作形式按照时间、数量、功能、位置和薪酬福利分为五类,构建 CFWA 模型(将在 4.3 节中进行论述),作为本文的主要研究工具。

4.2.2 研究方法

为比较深入地研究弹性工作制在酒店的应用情况,本文采用文献研究和深入访谈相结合的方法。

文献研究不直接与研究对象接触,不会产生由于这种接触对研究对象的干扰,因而不会造成资料的失真。因此,也被称为间接研究或非接触性研究。而且文献研究不受时间和空间的限制,可以从一段时期中外学者的研究中获得被研究对象的全景式认识。本文通过文献梳理,构建本文的主要研究工具——CFWA 模型。

访谈法是"有目的谈话",是由研究者(访谈者)发动,目的在于采集研究与课题有关的信息(王重鸣,1990)。访谈研究的优点在于能够得到问卷调查难以得到的深入资料(李怀祖,2000)。访谈分为结构式访谈和无结构式访谈,前者是一种对访问过程高度控制的访问。这种访问的访问对象必须按照统一的标准和方法选取,一般采用概率抽样。访问的过程也是高度标准化的,即对所有被访问者提出的问题,提问的次序和方式,以及对被访问者回答的记录方式等是完全统一的。为使这种统一性得到保证,通常采用事先统一设计、有一定结构的问卷进行访问。访问中所有调查员都必须严格按问卷上的问题发问,不能随意对问题做出解释。这种访谈结果量化,适合统计分析。由于结构式访问要使用统一的问卷和表格进行调查,这种统一的问卷和表格显然无法包括事件的全部,故而只能从中选取几个方面进行调查,这就使这种类型的访问很难触及社会生活的深层及其变化过程,难以综合性、多层次地把握问题,使研究流于表面化。无结构式访问又称非标准化访问,它是一种半控制或无控制的访问。它事先不预定问卷、表格或提问的标准程序,只给调查者一个题目,由调查者与被调查者就这个题目自由交谈,调查对象可以随意地谈出自己的意见和感受。因此,在这种类型的访问中,无论是所提问题本身和提问方式、顺序,还是被调查者的回答方式、谈话的外部环境等,都是不统一的。无结构式访问能充分发挥访问者与被访问者的积极性,适合于探索性的研究,而且访问者能对问题做全面、深入的了解。

由于本课题尚处于探索阶段,每个被调研酒店的情况不尽相同,需要深入挖掘才可以获得酒店应用弹性用工的真实情况,因而本文选择无结构式或半结构式访谈,从饭店人力资源管理者的角度,对弹性工作制在酒店的应用现状进行定性分析。一方面根据预先设计好的访谈提纲对访谈对象进行提问,另一方面,跟进提问访谈对象在对话中提及的其他相关信息。

4.2.3 研究设计

第一步,准备调研工具。访谈工具包括 CFWA 模型以及调研表格。

构建 CFWA 模型(将在 4.3 节详述),草拟访谈提纲。访谈提纲包括三部分,以开放性问题为主,辅之以必要的封闭式问题和半封闭式问题。前者围绕弹性用工的类型展开,后者用于收集被调研酒店的背景信息,以及管理者对弹性用工的态度分析。第一部分是了解调研酒店的背景信息,包括管理方式、员工结构、客房情况等;第二部分是分别针对五种类型的弹性工作的提问;第三部分围绕管理者对弹性工作的认知和态度提问。

调研表格的设计思路是从部门(前厅部、礼宾部、餐饮部、客房部、工程部、保安部、康乐部、采购部、财务部、销售部、人力资源部)和弹性种类(功能弹性、数量弹性、时间弹性、位置弹性、薪酬福利弹性)两个维度对北京高星级典型酒店中的管理人员进行访谈(本研究更多地是站在酒店方管理的角度,故没有设计对员工的调查)。

第二步,选择研究对象。访谈对象为北京高星级酒店的人力资源主管。

本文主标题是"关于中国高星级酒店践行弹性用工的可行性分析",高星级酒店的人力资源管理体系更为全面成熟,因而更具有代表性。北京的酒店市场比较成熟,高星级酒店富集程度高,因而可供调研的资源比较丰富。在样本选择上,考虑到管理方式不同的酒店其人力资源管理的思维和实践可能会有所差异,故以管理方式(国际酒店集团管理、国内酒店集团管理、自行管理)作为分类标准,列出访谈清单。考虑到调研的可进入性,优先选择笔者有人脉资源可以接触到的酒店,对于其他酒店采取先电话预约,再上门访谈的方式。

第三步,预调研,检验并修正调研工具 CFWA 模型。

预调研除用于检测调研工具外,还有一个任务,即较为全面地了解中国酒店业的工作制度安排,因此选择北京地区不同等级的 6 家酒店(分别是汉庭、7 天连锁酒店、速 8 连锁酒店、欣燕都酒店、阳光温特莱酒店和 JW 万豪酒店)进行访谈。

预调研初步了解到弹性用工在不同类型酒店的应用情况——时间弹性在高星级酒店不存在,但在经济型酒店中非正式的时间弹性却比较常见;数量弹性在高星级酒店主要是面对实习生,基本没有兼职,而经济型酒店实习生很少;各酒店都比较注重一专多能员工的培养;所有接受调研的酒店均没有位置弹性;高星级酒店的薪酬福利弹性(主要是绩效工资)较经济型酒店更全面。

第四步,深入酒店实地访谈。

实地访谈借助两张表格完成,即弹性工作分类表(CFWA 模型)和部门—弹性形式交叉表格,具体过程为:

(1)开始提问之前给访谈对象 2~3 分钟时间熟悉 CFWA 模型,调研者可在此期间解答访谈对象对该模型的疑问。

(2)访谈参照访谈提纲的思路展开,时间控制在 20~30 分钟。在数据收集方面,采取笔记和录音相结合的方式。

(3)访谈最后,请访谈对象用 1~2 分钟时间根据酒店实际情况完成调研表格。

4.2.4 访谈分析

针对第二个研究问题,即中国高星级酒店目前采用了哪些形式的弹性用工,为避免信息遗漏,笔者先将访谈录音转化为文字,并与访谈笔记比照,然后根据整合好的访谈信息,按照酒店和弹性类型交叉分类表,把各酒店用到的弹性用工形式对号入座,之后按照调研问题的五个主题——时间弹性、数量弹性、功能弹性、位置弹性和薪酬福利弹性逐一分析。

对于第三个研究问题,即酒店管理者对弹性用工的态度,笔者根据访谈提纲中的第三部分的问题整理访谈结果,并做综合分析。这一部分内容将在第五部分详细阐述。

4.3 构建工作弹性分类研究模型

从本文第三部分关于弹性工作类别的论述中可知,可以从多个角度把握弹性用工。本文主要参考 Reiliy 和 Fagan 学者的分类标准,从时间、数量、功能、位置和财政五个方面考察工作的弹性形式,但因研究目的不同,所以在一些概念上进行了新的操作化定义,如数量弹性中包括合同弹性,指的是使员工数目和工作时数能随时符合实际需要的各种非正式雇佣安排;薪酬福利弹性分为两部分,即薪资弹性和福利弹性。此外,预调研中发现一家受访酒店新的工作安排,称为"工作分拆",例如一天 8 小时的工作,分成不连续的几段时间完成。某酒店经理在接受北京第二外国语学院酒店管理专业老师访问时透露出一种新的薪酬计算方式——"534 原则",即三个人分担原来 5 个人的工作,同时分享原来 4 个人的工资,这可以看作是薪酬弹性的一个创新。结合表 3.2 时间弹性、表 3.3 数量弹性、表 3.4 功能弹性、表 3.5 位置弹性、表 3.7 薪酬福利弹性,以及预调研得到的补充信息等构建 CFWA 模型。为方便数据整理和分析,以字母和数字的组合代表各工作弹性类型,如图 4.2 所示:

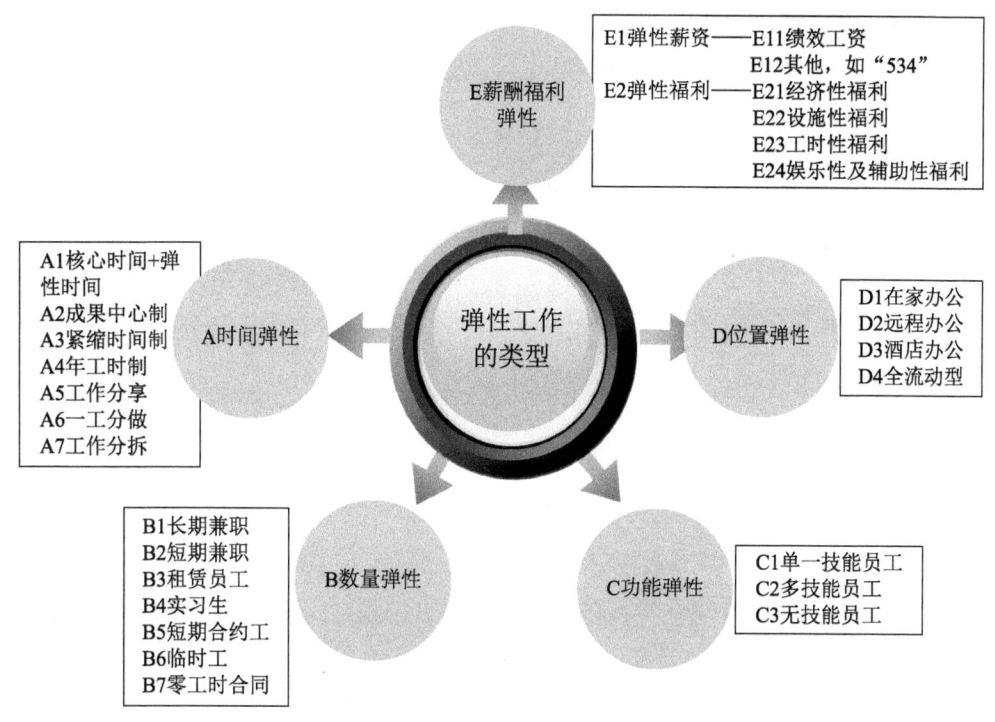

图 4.2 CFWA 模型

此模型最初定义为"弹性工作分类模型",之所以改为"工作弹性分类模型"是有感于管理实践的创造性,深知仅依据现有文献及调查结果无法穷尽所有的弹性工作类型,只能依据现有的知识说明酒店的工作可以在哪些方面实现弹性。这一模型是本次研究的主要调研工具,也是主要理论贡献之一。此模型一方面作为设计访谈问题的主要依据,另一方面需要通过预调研的检验修正之后才可以用于大规模的访谈。

4.4 小结

本章主要介绍了全文的研究思路、研究方法的选择、研究工具和访谈过程的设计,汇报了预调研的结果。实地调研中,第二阶段调研围绕研究目的展开,并最终获得 11 家样本酒店的有效信息,包括万豪、新云南皇冠、北京希尔顿逸林酒店、民族饭店、北京莱佛士酒店、金融街洲际酒店、机场希尔顿酒店、北京香江戴斯大酒店、赛特酒店、维也纳酒店(北京花园店)以及王府井希尔顿。访谈结果将在下一部分详细分析。

在获取数据方面,最初采取的是上门访谈,但酒店多以没有经过预约为由不接受访谈,打电话预约酒店又以太忙或不方便透露相关信息为由推脱,所以清单上得以成功访谈的酒店并不多。为提高访谈成功的概率,笔者通过在酒店实习的同学与学姐学长及他们在酒店工作的朋友争取到与酒店人力资源部直接交流的机会,但由于这种便利资源相对有限,因此以电话访谈和微信访谈作为补充。访谈结束后,结合访谈记录与录音,整理出了访谈结果。

5 研究发现与讨论

5.1 酒店的弹性用工情况

本文将访谈记录、录音和调研表格上的信息加以整理,并以图表的形式呈现。主要研究发现汇总表中,第一行为酒店内各部门,第一列为各被调研酒店(出于对调研对象的尊重和保护,此处以 H1-H11 代表各家酒店),根据访谈结果填写相应弹性类型的代码。需要说明的是,各家酒店的弹性用工实践与 CFWA 模型中总结的弹性类型并不完全一致,因此笔者在二者有出入的地方用星标注明,并在备注栏详细加以解释。为方便读者理解,特绘制表 5.1 简单表示调研结果汇总表的基本结构。

表 5.1 调研结果汇总表

部门 酒店	前厅部	礼宾部	……	销售部	备注
H1	B4/B3* C2 E1/E*	B4/B3* C2 E1/E*	—	B4/B3* C2 D2* E1/E*	B3* 并非真正意义上的租赁员工,而是员工在同一集团酒店之间无偿流动 D2* 原则上需要打卡,但会有特殊情况 E* 挑选部门优秀员工做培训师并给予补助
H2	A4* B2(基)/B4 C1	A4* B2(基)/B4 C1	—	B4 C1	A4* 酒店叫作综合工时,结合以标准工时,二者不以部门划分,而是按照工作内容划分

通过实地调研,笔者发现弹性用工制度在中国高星级酒店尚处于初期试用探索阶段,尤其是时间弹性和位置弹性在所有访谈的酒店中最为少见。接下来将逐一分析每种工作弹性类型。

(1)在时间弹性方面,民族品牌的老酒店仍然主要依循传统的工作时间安排,但也有一些酒店与时俱进,做出了一些调整,如 H3 酒店综合计算工时,但有别于年工时考核,是每月规定一定的工作时间,每天固定总的工作时长(一般为 8 小时),但是可以是不连续的工作,这种工作安排具有工作拆分的特点。

H3酒店培训经理：有一些岗位采用综合计算工时，比如洗碗工，只是三餐前后需要工作，其他时间是休息的，比如6~10点算4个小时，晚上继续上，期间可以选择待在酒店，也可以回家。

国际饭店集团管理的酒店则多采取标准工时与综合工时相结合的工作制度，但不同酒店集团在这一点上又呈现出分化的特点，有的注重严格的标准化运作，而有的则比较开放，而且用工安排的划分标准也不一样。

H2酒店HR：酒店行业的工作性质决定了酒店几乎每天24小时都有事务要处理，所以酒店采取两种工作时间制度——标准工作时间和综合工时。标准工作时间是行政班次，朝九晚五。一线部门是综合工时，但不是严格按照部门划分，准确地说是按照岗位和职责划分，例如前台秘书也是标准工时。所有对客服务的是综合工时，倒班制，每个班次时长固定，但不是在固定时间段上班，以年为单位累积出勤小时数。实行综合工时制度的员工全年规定的工作时间是2000小时，工程、保安、健身中心也会涉及综合工时。一般日常工作时段没有工作分担制度，特殊时期可能会有。

笔者了解到高星级酒店有"工作分享"或"一工分作"的雏形，但还只是员工之间的非正式合作（酒店叫team work），没有上升到制度层次。总体而言，时间弹性在中国高星级酒店实行依然困难重重，最主要的是由于行业的性质决定的，酒店工作任务不确定，几乎24小时都有事情要处理，对客人任何时候的任何要求都必须快速回应，而且酒店加班是常有之事，故诸如年工时之类固定工作时长的做法暂时无法大范围推广。某位经理将酒店工作概括为"业务导向型"，而非"时间导向型"。

（2）在数量弹性方面，酒店应用最普遍的是实习生，兼职和零工时合同几乎没有，但在一些客源稳定的老酒店却只有正式工和劳务派遣，没有实习生或小时工。酒店不使用兼职有多方面的考虑，如兼职人员的素质，工作质量和安全问题（健康、隐私等），法律环境和企业社会责任也是非常重要的考量。从严格意义上讲，调研的所有酒店都没有租赁员工的制度安排，但由某一集团管理的饭店成员之间的援助却很常见，通常是真正使用劳动力的一方支付工资，但在个别酒店集团，如H3酒店，外派支援的员工可以获得双份工资。

H8酒店HR：没有短期兼职和以小时计的兼职，因为从业务角度不需要。而且酒店员工培训周期比较长，所以兼职、小时工的服务质量无法保证。

H9酒店HR：酒店不允许有兼职，原因一方面是不便于管理，另一方面是服务行业的安全性，如人员背景、健康状况等要求比较高，对用人，尤其是直接对客服务更加谨慎。

H10酒店HR：有外包员工的部门有PA、客房、保卫、员餐等。酒店不会有租赁员工，而只会出现集团内短期借调，因为这不仅不符合HR原则，且受劳动法限制。

短期合约工一般只有在酒店有工程建设项目时才会出现,所以使用的也比较少(H2 酒店)。临时工多为酒店返聘的退休员工或劳务派遣员工,通常是为了调节酒店经营的季节性压力。但笔者在与某国际知名品牌五星级酒店 HR 接触过程中发现,他们有些时候也会临时招一些兼职,而并非通过中介公司,这种情形包括酒店要承办一个会议,需要接待大量外国客人,而本酒店员工英文水平又达不到,因而招一些英语口语比较好的大学生帮忙,酒店直接给他们日结工资(H5 酒店)。

(3)在功能弹性方面,酒店中单一技能员工非常普遍,但几乎所有的单一技能员工都在接受多技能培训,即向多技能员工方向发展。多技能培训的方式主要包括部门间和部门内部的交叉培训,参与的对象主要是一线员工,但对于管理人员多技能的要求要远大于对基层员工的要求,一方面是出于管理的需要,另一方面也可以在高峰期帮助员工分担工作,拉近与员工的距离等,而且一些酒店(如 H3 酒店)也通过"志愿者"活动等形式鼓励二线员工接受一线技能的培训以在必要时支援一线。还有一些酒店(如 H6 酒店)为有发展潜力的员工提供免费的公开课,帮助其熟练不同部门的工作,或者出资赞助员工参加技能培训课程。酒店除了简单的接待指引人员,几乎没有无技能员工,无技能员工对酒店来说意义不大,且即使是清洁工作都有一套标准化的科学流程。

H4 酒店 HR:基本都是单一技能员工,但所有的单一技能员工都会有 Cross-training,让他们了解其他部门基本工作,之后再回到自己的岗位工作;还通过 Action Plan 拉近员工距离,也就是主管穿上基层员工的服装为客人服务。二线员工基本都经过一线基本技能的培训,包括销售部,他们会冲在第一线,因为大部分客人是他们拉过来的。工程部与保卫部特殊,他们属于保障性部门,而不是运营部门。无技能员工在酒店基本不存在,清洁也并非不需要技能。

(4)在位置弹性方面,所有接受访谈的酒店都明文规定酒店所有员工严格遵循打卡制度,包括经理在内,但在现实运作过程中,也可能会允许例外情况的发生。例如,酒店高管往往连续加班,加班的时间远远超过其规定的工作时间,因此,打卡对他们来说意义不大。此外,在个别酒店,对于经常需要外出跑客户的销售人员或需要外出招聘的人力资源部员工,特殊情况下可以通融。

H4 酒店 HR:远程办公或在家办公不可以,所有人都要打卡,即使是销售也要早上 8 点来打卡,开晨会,汇报当天工作内容,下午四点半回来汇报工作完成及反馈情况,6 点下班打卡。

H8 酒店 HR:酒店没有位置弹性,所有员工都必须到酒店打卡,包括部门经理。以财务部为例,与其他行业的财务部不同,酒店的财务部工作非常多,夜审、日审、应收、核算、采购,还有电脑机房等,需要24小时营业。

位置弹性在酒店"弹"不起来,有以下几个原因:首先是由酒店的工作内容和性质决定的,不能让顾客有需要时找不到人;其次,酒店的产品本质上是体验,只有酒店员工对酒店的每一处细节都熟悉,才能很好地满足顾客的需求;再次,虽然通信技术已经得到极大发展,但是我国的诚信体系还没有完全建立起来,酒店对员工的自觉性信心不足;最后,人们已经习惯了将一个员工在企业的"露脸"次数作为其爱岗敬业的表现,这可能会在某种程度上影响员工的职业发展。

(5)在薪酬福利弹性方面,几乎所有的受访酒店都实行固定工资制度,但是个别部门的员工(如前台预定和销售人员)可以根据其业绩获得相应的提成。酒店不采用绩效工资,主要是考虑到员工对工资稳定的要求,如果实行绩效工资,员工实际获得的工资可能要比现有水平低。

H4酒店HR:我们没有绩效工资。绩效不等于提成,绩效工资是针对酒店所有在岗员工的,根据酒店每月盈利而发的奖金才是绩效工资。销售部Up-sale有提成,这是他们的福利,前厅把客房卖得高于既定价格也会有提成。每年年底根据酒店全年盈利按相应比例给员工一些分红。

然而,酒店的隐性福利很多,其实这也是员工愿意留在酒店的重要原因。近年来,酒店的福利形式也更加多样,不再像过去一样在法定节假日的时候象征性地统一发放一些日用品、月饼之类的东西。所有的被调研酒店都会为员工准备奖金,只是奖金的覆盖面不同,分发时间和频率不同,产假和年假也很普遍,但不同类型的酒店在设施性福利和娱乐及辅助性福利方面有差别,传统自行管理的酒店在这方面较为匮乏,而集团酒店则很注重员工的学习和提升,而且经常为员工提供一些参加娱乐活动的机会。

H3酒店HR:酒店专门为员工提供E-learning课程软件、评选出学习状元(下月初总经理颁奖,颁发证书与奖金,披戴状元袍),每半年外出考察,即旅游、发纪念品、组织员工参加首旅集团或北京市举办的大赛,参观平时不对外开放的酒窖,员工还有机会获得馆藏红酒。员工宿舍旁边有自习室、阅览室。我们会带实习生旅游,按照实习岗位个人意愿为主、酒店需求为辅的原则,这对外地来的实习生还是很重要的。企业春晚的时候高层亲自上台为员工表演。

同时,一些酒店探索出运用财政手段优化员工配置的新方法,例如H1酒店聘请各部门优秀员工担任本部门的培训师,并给予相应补助;或者将原来5个人的工作交给3个人做,而这3个人挣原来4个人的工资,简称"534"原则。

5.2 酒店经理人对弹性用工的态度

通过采访,笔者发现各酒店人力资源管理人员谈及人工成本之高,都颇为感慨,甚至无奈,但都高度肯定了酒店人力资本投入的必要性。很多经理表示,增加成本是必要的,不是单纯为了规避风险,体现社会责任,不会为了省钱做有风险的事情(H11 酒店)。

H6 酒店培训经理:酒店成本很高,其中人力成本最大,虽然看着工资不算高,但隐性成本是不容忽略的,五险一金、企业雇主责任险、员工意外伤害险、员工餐、工服、员工宿舍、员工交通补助,等等。

H11 酒店 HR:对于用工成本,没有好的措施。由于北京市政府保险所限制,每年最低工资上涨,酒店承担的员工的养老保险和公积金随之上调,明天可能就没上下限了,挣多少,上多少保险,成本会更大。在成本方面,是控制酒店的成本而不是用工成本,酒店是不会考虑用工成本的,因为酒店希望吸收优秀的员工。

各接受访谈的酒店管理层人士也对如何应对酒店的人力成本压力表达了自己的看法,提到很关键的一点——解决酒店的人力资源管理困境,不能简单地精减人员,那只是短视的表面行为,无法从根本上解决问题,也不利于酒店竞争能力的提高和长远发展。有些经理虽然没有表现出对弹性用工的大力支持,但"根据业务情况实现人员合理配置""用好财务杠杆降低人力成本"其实都体现出弹性用工的影子。

H9 酒店 HR:降低人力成本是中国酒店业的一个趋势,但还没有达到西方国家的水平。职位的设置每年会根据业务情况进行调整,达到人员配置最合理的情况,但不一定是精减,而是在职位上、职责上匹配,能满足酒店运营的需求。

H10 酒店 HR:降低人力成本的措施,主要是财务导向,细到打印都要输部门号,成本具有一票否决权。对于人力成本,忌讳重复的薪金投入。培训很关键,但不能快速解决问题。福利的价值辐射远不如工资。对于弹性工作制度,目前酒店行业多数是不能完全应用的,服务行业一般都没办法做到,但总监级以上一般会有。

接受访谈的 11 位酒店管理人员中有 3 位或多或少接受过弹性用工的培训,所以对弹性用工比较了解,而且与笔者预料的相似,他们所在的酒店均由国外酒店集团管理,这些酒店的弹性工作应用的范围也较广,种类或形式也更多。国内酒店集团管理或自行管理的酒店,对弹性用工的概念不是很清晰,但在实践工作中其实已经有了弹性的特点。当被问及弹性工作制度在酒店的可行性时,只有 2 位 HR 总体上持积极肯定的态度,其他经理人并没有体现出在酒店推行弹性工作制度的意愿,尤其是时间弹性和位置弹性,原因主要还是在于酒店行业的特殊性,酒店的岗位基本上都要求 24 小时有人待岗的,以应对任何突发情况。

通过与这些管理者交谈,笔者发现目前弹性用工对中国高星级酒店而言仍然是比较新的概念,相当多的管理者对这种工作制度的认识有待深入;此外,管理者对弹性工作这种新的工作制度的态度与其自身的人格特质也有一定关联,年轻、受教育水平高的管理者往往对弹性用工持欢迎态度,并勇于尝试新的改变,而一些在酒店工作过很多年的年纪比较大的经理人,可能更趋向于保守。在我国,诚信体系还没有建立起来(黄佳、文海霞,2008)。除了酒店工作性质这一点,信任也是一个关键点,这些管理者对弹性用工持怀疑态度,实际上是对自己的员工不够放心。魏翔(2008)则提出企业的组织文化和弹性工作制的弹性大小(即企业容纳弹性工作人员的范围)也会影响弹性工作制度的实施效果。

5.3 小结

本文总结了五种类型的弹性工作,即时间弹性、数量弹性、功能弹性、位置弹性和薪酬福利弹性。以北京市高星级酒店为例,功能弹性和数量弹性在酒店中的应用最多,时间弹性和薪酬福利弹性次之,位置弹性最少。功能弹性主要是交叉培训、轮岗体验、二线支援一线。数量弹性主要是实习生,出于劳动法律等方面因素的考虑,很少聘用兼职,零工时合同在中国高星级酒店暂时没有发现。时间弹性主要表现为综合工时制度。薪资弹性主要是奖金,大多数酒店只有个别岗位有绩效工资;福利弹性的形式日趋多元化,如奖励旅游、进修培训等。根据对受访酒店 HR 经理们的访谈意见总结,目前在酒店实行弹性用工的条件还不是很成熟。但中国的酒店市场环境变化很快,人力资源管理必须适时地改革创新,吸引人才,善用人才,留住人才。

6 总结

6.1 主要研究结论与贡献

首先回顾一下本文的三个主要研究问题:
(1)建立工作弹性分类模型;
(2)中国高星级酒店采用了哪些形式的弹性用工,它们的实践效果如何;
(3)酒店经理人对不同弹性用工方式的态度。

对于第一个问题,笔者结合文献整理和实地调研获取的信息,建立了包括时间、数量、功能、位置和薪酬福利五方面弹性的工作弹性分类模型(见图4.2)。

对于第二个研究问题,笔者有如下发现:酒店对于数量弹性、功能弹性和薪酬福利弹性运用较多,数量弹性主要体现在实习生和集团内部酒店之间的人员调遣,功能弹性主要是一专多能,薪酬福利弹性主要是奖金和弹性福利。而时间弹性和位置弹性由于行业工作性质的特殊性,运用得较少,但已经开始有酒店采用综合工时和年工时考核等管理制度。弹性用工制度给予员工更大的自主性,体现了酒店对员工的尊重和人性关怀,这可以为酒店争取优秀员工,降低员工流失率,提高员工工作效率和公司竞争力。没有运用弹性工作制的酒店也考虑到很多因素,例如,数量弹性中的兼职工和临时工会给人力资源管理增加培训的成本,而且他们提供的服务质量因无法保证而使服务行业的安全性降低。调研结果还发现酒店对于成本问题,着重在控制酒店的成本而不是用工成本。因为酒店希望留住优秀的员工,所以酒店一般不会吝惜酒店人力资本投入,因为这在一定程度上相当于为酒店减少培训新员工的费用。虽然整体上看,弹性用工全面推广的条件尚不成熟,但业界出现的一些创新,例如"工作分拆""买点""534原则"等,此类本土化弹性用工的出现依然令人欣喜。可以预见,随着酒店业转型的深化和酒店信息技术的成熟,酒店的工作也会更加灵活与人性化。

对于第三个问题,笔者通过对酒店管理人员的访问发现,若论对弹性用工这一概念的认识程度,酒店集团优于单体酒店,由国际酒店管理公司管理的酒店优于民族品牌的酒店;但从弹性用工实践看,民族品牌的酒店和某些自行管理的酒店更了解本土员工的需求,更懂得当地的法律,因此发展出一些非正式的灵活的工作安排,国际酒店集团下的酒店已经有了一套成熟的管理体制,很多时候反而有很多限制。当被问及是否同意在酒店实行弹性用工的问题时,多数管理者表示,在中国酒店推行弹性用工的条件还不是很成熟。

6.2 研究局限性及后续研究

本次研究到目前为止仅访问了11家高星级酒店,故结论的说服力和代表性不够突出。此外,访谈过程中,受访者对一些关键概念的理解可能存有偏差,或者尽管不确定,但没有向调研员提出来,而是按照自己的认知去解释,影响了最终结果的一致性。由于并不总是能有机会采访到酒店人力资源部的主管,不得不转而采访人力专员或实习生,他们本身对酒店人力资源管理知识,以及对弹性用工制度理解的深度也可能在一定程度上影响了结果的准确性。

由于访谈涉及的内容较多,受访者回答问题或调研员提问过程中有疏漏的情况,且不同酒店的部门划分体系和人员配置标准不一致,使得访谈内容的整理过程复杂化,也给研究造成一些遗憾。本文主要是从管理层入手探讨中国酒店实行弹性用工的可行性,感兴趣的研究者可收集一下基层员工对弹性工作的看法,将其与收集到的管理层的信息进行对比分析。本文在对弹性工作制度的研究中只选取了星级酒店,后期研究可以选取其他形式酒店,如7

天、如家等近年来发展迅速,是管理模式较自由的快捷连锁酒店。考虑到北京酒店业的发展程度和其他因素,本文对弹性工作制调查范围仅限于北京地区的酒店,后期可以对国内酒店发展快速的其他地区进行研究,如深圳、上海、南京等地。

参考文献

[1] Anderson D & Kelliher C. Flexible working and engagement: The importance of choice[J]. Strategic HR Review,2009,8(2):13-18.

[2] Baines A. Flexible employment—evil or opportunity? [J]. Work Study, 1995,44(1):14-15.

[3] Beard S B, Neill R O, Ingols C & Shapiro M. Social sustainability, flexible work arrangements, and diverse women[J]. Gender in Management: An International Journal, 2010,25(5):408-425.

[4] Bentley K and Yoong P. Knowledge work and telework: An exploratory study[J]. Internet Research: Electronic Networking Applications and Policy,2000,10(4):346-356.

[5] Booth A L and Frank J. Gender and work-life flexibility in the labour market.in Houston, D.M. (Ed.), Work-life Balance in the 21st Century, Palgrave Macmillan, Basingstoke,2005.

[6] Brien T O & Hayden H. Flexible work practices and the LIS sector: Balancing the needs of work and life? [J]. Library Management, 2008,29(3):199-228.

[7] Busch E, Nash J & Bell B S. Remote Work: An Examination of Current Trends and Emerging Issues. 2011 spring.

[8] Buultjens J & Howard D. Labour flexibility in the hospitality industry: Questioning the relevance of deregulation[J]. International Journal of Contemporary Hospitality Management, 2001,13/2:60-69.

[9] Catalyst. A new approach to flexibility: Managing the work[M]. Time Equation. Catalyst, New York, NY.1997.

[10] Chung H & Tijdens K. Working time flexibility components and working time regimesin Europe: Using company-level data across 21 countries[J].The International Journal of Human Resource Management, 2013,24(7):1418-1434.

[11] Croucher R & Kelliher C. The right to request flexible working in Britain: The law and organizational realities[J]. European Journal of Comparative Law and Industrial Relations, 2005,21(3):503-529.

[12] Eldridge D & Nisar T M. Employee and organizational impacts of flexitime work arrangements[J]. Department des relations industrielles, 2011:66-2,213-234.

[13] Gardiner J & Tomlinson J. Organisational approaches to flexible working - Perspectives of equality and diversity managers in the UK[J]. Equal Opportunities International, 2009,28(8):671-686.

[14] Gibson V. Flexible working needs flexible space? —Towards an alternative workplace strategy[J].

Journal of Property Investment & Finance, 2003,21(1):12-22.

[15] Goudsward A, Verbiest S, Preenen P & Dhondt S. Creating successful flexible working-Time arrangements: Three european Case Studies[EB/OL]. Wiley Online Library (wileyonlinelibrary.com),2013.

[16] Hall L & Atkinson C. Improving working lives: Flexible working and the role of employee control[J]. Employee Relations, 2006,28(4):374-386.

[17] Idris A. Flexible Working as an employee retention strategy in developing countries[J]. Journal of Management Research, 2014,14(2):71-86.

[18] Jagoda A. Flexible forms of working time organization in polish enterprises in the perspective of pilot empirical studies[J]. International Journal of Academic Research, 2013,5(6).

[19] Johnson J. Flexible working: Changing the manager's role[J]. Management Decision, 2004,42(6):721-737.

[20] Johanson M M & Cho S. Organizational commitment and loyalty among part time hospitality employees[J]. FIU Review,2007,25(2).

[21] Kalleberg A L. Nonstandard employment relations: Part-time, temporary and contract work[J]. Annual Review of Sociology, 2000(26):641-65.

[22] Khamkanya T & Sloan B. Flexible working In scottish local authority property: Moving on to the highest flexibility level[J]. International Journal of Strategic Property Management,2009(13):37-52.

[23] Lilian M de Menezes & Kelliher K. Flexible working and performance: A systematic review of the evidencefor a business Case[J]. International Journal of Management Reviews, 2011(13):452-474.

[24] Luckock S. Flexible working practices for women returners[M]. Emerald Backfiles,2007.

[25] Mukherjee A & Ray D. Labor tying[J]. Journal of Development Economics,1995(47):207-239.

[26] Michielsens E, Bingham C & Clarke L. Managing diversity through flexible work arrangements: Management perspectives[J]. Employee Relations, 2014,36(1):49-69.

[27] Maxwell G, Rankine L, Bell S & Vicar A M. The incidence and impact of flexible working arrangements in smaller businesses[J]. Employee Relations, 2007,29(2):138-161.

[28] Olmsted B. Flexible work arrangements: From accommodation to strategy[J]. Employment Relations Today, 1995,22(2):11-19.

[29] Papalexandris N & R Kramar. Flexible working patterns: Towards reconciliation of family and work[J]. Employee Relations. 1997:581-595.

[30] Podnar K & Golob U. Friendly flexible working practices within the internal marketing framework: A service perspective[J]. The Service Industries Journal, 2010,30:1773-1786.

[31] Rau B. Flexible work arrangements[EB/OL]. available at: http:wfnetwork.bc.edu/encyclopedia.php?mode1/4nav (accessed October 20, 2007).

[32] Ruiz Y and Walling A. Home-based working using communication technologies[R]. Labour Force Survey, Labour Market Division, Office for National Statistics, London, October, 2005.

[33] Ryan A M and Kossek E E. Work-life policy implementation: Breaking down or creating barriers to inclusiveness?[J]. Human Resource Management, 2008, 47(2):295-310.

[34] Sanchez M A, Jimenez M J V, Perez M P & Carnicer P L. Workplace flexibility and innovation. The moderator effect of inter-organizational cooperation[J]. Personnel Review, 2008, 37(6):647-665.

[35] Sanchez M A, Jimenez M J V, Perez M P & Carnicer P L. Innovation and labour flexibility. A Spanish study of differences across industries and type of innovation[J]. International Journal of Manpower, 2009, 30(4). (Angel Martínez-Sánchez, Marlá José Vela-Jiménez, Manuela Pérez-Pérez and Pilar de Luis-Carnicer).

[36] Svensson S. Flexible working conditions and decreasing levels of trust[J]. Employee Relations, 2012, 34(2):126-137.

[37] Thomson P. The business benefits of flexible working[J]. Strategic HR Review, 2008, 7(2):17-22.

[38] Sean A Way, J Bruce Tracey, Charles H Fay, Patrick M. Wright, Scott A. Snell, Song Chang and Yaping Gong. Validation of a Multidimensional HR Flexibility Measure[EB/OL]. Journal of Management Available at: http://jom.sagepub.com/content/early/2012/11/26/0149206312463940.

[39] Teasdale N. Fragmented Sisters? The implications of flexible working policies for professional women's Workplace Relationships[J]. Gender, Work and Organization. 2013, 20(4).

[40] Volberda H. Building the flexible firm: How to remain competitive[M]. Oxford: Oxford University Press, 1998.

[41] Sundin K. Virtual teams: Work/Life challenges-keeping remote employees engaged[Z]. American Express Graduate Research Assistant for CAHRS, 2011.

[42] The challenges of working in virtual teams[R]. Virtual team survey report-2010.

[43] 傅政霖.我国企业实行弹性福利制度探究[J].嘉兴学院学报,2010(9).

[44] 范德成,刘延静.关于我国企业推行弹性工作制的探讨[J].商业经济,2009.

[45] 黄佳,文海霞.浅析我国企业实施弹性工作制的可行性[J].技术与市场,2008.

[46] 李飞.我国饭店业发展的现状与趋势分析[J].科技信息,2008(4).

[47] 陆勇,高田钦.国内外人力资源柔性管理研究之述评[J].商业文化,2011(4).

[48] 孙兆阳.弹性工作制的应用与思考[J].商业时代,2011(8):74-77.

[49] 徐晓蓉.保障？激励？鱼与熊掌可兼得——五要素设计整体福利制度[N].中国劳动保障报,2015,1(4).

[50] 王淑芳.饭店非正式员工工作现状与对策研究[J].2007(5).

[51] 王田田.我国经济型酒店管理的瓶颈问题及对策探析[J].酒店管理研究,2015(1).

[52] 王向品.浅析我国饭店业人力资源开发与管理[J].经济师,2008(5).

[53] 王雪娇.国际品牌酒店中员工集体跳槽现象分析[J].酒店管理研究,2015(1).

[54]魏翔.西方弹性工作制研究评述及其新进展探析[J].外国经济与管理,2008(12):45-51.

[55]杨芳.企业实行弹性工作制的原因分析[J].2013(7):56-59.

[56]杨继莲.弹性工作制的实施效应及条件分析[J].企业家天地,2011:37-39.

[57]杨云.酒店员工性别、薪酬差异对离职行为影响研究[J].旅游学刊,2014,29(4).

[58]朱平利.人力弹性理论:"软"的艺术[J].人力资源,2007,9:24-25.

[59]张小刚,周恩毅.我国企业实行弹性工时制存在的现实问题探析[J].西安建筑科技大学学报(社会科学版),2005,24(2).

[60]2013—2014年度中国饭店业薪酬调研报告[EB/OL].http://www.hotels263.com/magazine/Article/ShowArticle.asp?ArticleID=3468.

[61]Star Global.2013年中国饭店业经营业绩对比分析报告及2014年预测[EB/OL].2014年4月.http://www.hotels263.com/magazine/Article/ShowArticle.asp?ArticleID=3465.

[62]中国饭店市场城市景气分析报告(2014年刊)[EB/OL].http://211.144.131.116/lvxhWeb/web/Xh_news/newsInfo.aspx?nid=1638.

[63]陈灿荣.饭店人力资源有效管理.[EB/OL].http://211.144.131.116/lvxhWeb/web/Xh_news/newsInfo.aspx?nid=1627,2014-06-26.

[64]由于酒店行业总体上供大于求的格局,致使酒店行业盈利水平下降[EB/OL].http://www.hotel.hc360.com/12dq/secondmenu/Detail_scgcpsewqjzgjdyscjzclfx.html.

[65]2013年度全国星级饭店统计报告[EB/OL].http://www.luosangbbs.com/article-46975-1.html.

[66]关于调整北京市2014年最低工资标准的通知[EB/OL].http://www.bjld.gov.cn/xwzx/zxfbfg/201402/t20140208_34552.htm.

[67]关于调整社会保险缴费年度及申报2014年度社会保险缴费工资的通知[EB/OL].http://www.bjld.gov.cn/xwzx/zxfbfg/201406/t20140606_35614.htm.

[68]中国报告大厅.2013年中国酒店行业现状分析[EB/OL].http://www.chinabgao.com.

[69]2014年第一季度全国星级饭店统计公报[EB/OL].http://www.cnta.gov.cn/html/2014-5/2014-5-30-10-18-21885_1.html.

[70]2013年中国旅游业统计公报[EB/OL].http://www.cnta.gov.cn/html/2014-9/2014-9-24-%7B@hur%7D-47-90095.html.

[71]2012年全国星级饭店统计公报[EB/OL].http://www.cnta.gov.cn/html.

[72]北京市统计局.2013年北京职工平均工资[EB/OL].http://news.xinhuanet.com/local/2014-06/08/c_1111035767.html.

[73]迈点网.2013理想酒店雇主特征调查报告[EB/OL].http://www.ctcnn.com/html/2013-03-28/1337290336.htm.

[74]2013酒店员工节日福利现状调查报告[EB/OL].http://roll.sohu.com/20130204/n365508562.shtml.

论文三

人格特质和主管领导行为对"80后""90后"酒店员工职业价值观的影响研究

——以北京市高星级酒店为例

（编者语：本文在综述了职业价值观、人格特质和主管领导行为的相关概念、理论及相关研究的基础上，用问卷法对北京市高星级酒店的"80后""90后"员工进行了调查，运用相关分析和回归分析建构了人格特质和主管领导行为影响"80后""90后"酒店员工职业价值观的路径模型。）

指导教师：吕勤
作　　者：胡馨木
专　　业：酒店管理
完成时间：2015年4月10日

内容摘要

改革开放以来，随着我国酒店业的飞速发展，培养和造就酒店业精英人才已经成为酒店工作的重中之重。但是，实际用人情况却一直处于供不应求的"饥渴"状态。笔者调查发现，造成该现象的主要原因有酒店从业人员流动性大、就业对口率低等。已有部分研究对酒店现有员工进行研究，但是对于"80后""90后"（1980—1999年出生的年轻人）酒店员工——酒店精英人才的有力后备军的研究则相对比较缺乏。本研究以他们为研究对象，基于职业价值观的角度了解酒店员工的就业意向与心理状况，探索解决酒店人才稀缺问题的有效途径。本文的研究目的是了解主管领导行为和人格特质对"80后""90后"酒店员工职业价值观结构的影响,促进酒店了解其员工的职业心理诉求,从而采取科学合理的人力资源管理措施,尽可能地满足酒店员工的职业心理需要,改善酒店从业人员高流动率以及高流失率的状况。

本文以心理学、管理学、统计学为基础,总结整理职业价值观及影响因素的文献相关理论,自编调查问卷并施测后获得调查数据,利用SPSS统计学软件对数据进行比较与分析,获得最终结论,并据此结论对酒店业的人力资源管理、教育机构的教育方式等方面提出有效建议和参考依据。本文从职业价值观结构及其两个主要的影响因素两方面来系统地梳理和评述国内外相关学者的研究文献,分析其主要研究特征,找出在研究中尚未深入的领域,作为本文研究的主要出发点。

本文结论如下:

(1)"80后""90后"酒店员工对职业价值观各维度重视程度依次为:组织安全与经济、社会互动、自我成长、尊严、休闲健康与交通、自我实现、安定免于焦虑。

(2)主管领导行为对"80后""90后"酒店员工的职业价值观有显著的影响,高规范型、高关怀型的主管领导方式有利于其职业价值观的形成。

(3)"80后""90后"酒店员工职业价值观的形成与其人格特质有关,不同人格特质对职业价值观的影响不同。

(4)最后,本文根据研究结论对酒店从业人员以及工作单位、学习单位提出几点建议,期望能为酒店、学校及相关研究者提供一定的参考。

关键词:"80后""90后"酒店员工;职业价值观;主管领导行为;人格特质

Abstract

With the highly speed development, China's hotel industry is huge demand for human resources. On the one hand, data of Chinese education system shows adequate supply of hotels graduates. On the other hand, actually, the employment situation of hotel industry has been in deadly short supply status. It is found that the main cause of this phenomenon is the high hotel staff liquidity, low rate of employment and so on. There have been several research on hotel employees, but research for the hotel interns, the powerful reserve of the hotel talent development plan is very little. Taking them as the research object, this paper explores the employment intention of interns based on professional values, and meant to explore the effective ways to solve the problem of hotel staff shortage. The purpose of this study mainly is to help the hotel enterprises to understand the intern's professional psychological demands, so as to take scientific and reasonable human resource management measures, then meet the interns professional psychological need as much as possible to improve the condition of high rate of brain drain in hotel industry.

The paper was based on Management, Psychology and Statistics, summarized and organized theoretical literature of the work values and the influencing factors of work values. By using the method of interviews to obtain the influencing factors of work values, made the questionnaires and obtained survey data after measurement, analyzed data by SPSS and made conclusions. Recommend the hotel industry HR departments and education institutions effective proposals and provided references. This paper reviewed domestic and foreign scholars research literature of work values and its influencing factors, analysis of their main research features, and studied further areas of the researching, made it be the main starting point of this study. The "Hotel interns work values and its influencing factors" questionnaire was made in the paper, and provided valuable references and reliable survey data. From above two aspects, the paper has academic innovation and research significance.

Conclusions:

(1) The order of ratings of every dimension given by the interns was: Social Interaction, Dignity, Security and Economy, Personal Growth, Leisure, Health and Traffic, Self-fulfillment, Stability and Free from Anxiety.

(2) The competent leadership behavior has a significant impact to hotel interns' work values. High specification and high care type leadership style were favorable for the formation of hotel interns work values.

(3) The formation of hotel interns' work values is associated with personality traits, different personality traits have different influence on the work values.

(4) Finally, based on the research conclusion, this paper put forward some suggestions from angles of individuals, schools, hotels, the three values influence factors. It aims to provide the reference for schools and hotels related researchers and so on.

Key Words: Young generation hotel workers; Work values; Leadership behaviors; Personality

1 绪论

1.1 问题的提出

随着我国酒店业的飞速发展,酒店业的竞争亦日趋激烈,酒店之间的竞争最终由专业人才的竞争来体现,因此,酒店业的人力资源管理工作与酒店企业的兴衰关系密切。酒店业作为劳动密集型产业,人才需求量巨大。根据中国人力资源市场信息监测中心在2013年3月6日发布的2012年度全国117个城市人才就业供求统计,酒店业需求人数达2 701 089人次,占所有行业比重的13%。2013年第四季度对全国92个城市的公共就业服务机构市场供求信息进行统计分析,酒店业的用人需求增加了6.8万人,比上年增长了9.3%。而据国家旅游局公布的数据,在酒店专业人才储备与供给方面,2013年全国旅游中等职业学校在校生中,饭店服务与管理专业在校生数为14.93万人,占在校生总数的30.03%。饭店服务与管理专业毕业生数为5.15万人,占毕业生总数的31.63%。数据显示酒店相关专业人才供给充足,且培养人数呈逐年递增趋势。

除此之外,笔者在前程无忧网(www.51job.com)搜索酒店行业招聘信息,获得49 640条招聘信息(2015年3月);在智联招聘(www.zhaopin.com)上分别搜索北上广三地酒店业招聘信息显示,北京有14 649个职位招聘信息,上海有8132个职位招聘信息,广州有4518个职位招聘信息,共27 299条。显而易见,目前我国酒店业对人才需求一直处于"饥渴"状态。

然而,酒店专业相关人才却存在严重的流失率高和对口率低的问题。在2005年一项针对酒店管理专业本科生的调查中发现,毕业后在酒店行业工作的人数仅占10%~20%;2011年,在针对上海市酒店业中职学生就业情况进行的调查中,发现从事酒店行业的本专业中职生为6.7%,然而大部分酒店的员工流失率超过50%;2013年赵丽丽通过调查研究发现,酒店管理专业的专科本科生毕业后,流失率超过85%,绝大多数人在毕业后从事其他工作,学非所用。由此得知,酒店的人力资源管理存在着较为严重的高素质专业人才危机。

职业价值观是人们的人生目标和人生态度在职业选择方面的具体表现,是从业人员对职业的认识和态度,以及对职业目标的追求和向往。职业价值观的不同导致个体从业状态、雇佣意愿的不同。酒店属于服务行业,且专业实践性强。"80后""90后"酒店员工是酒店行业人力资源中的重要组成部分,也是行业重要的人才输入资源,直接影响着酒店业的人才供求关系。因此,研究"80后""90后"酒店员工的职业价值观对于深入了解酒店人力资源管理和引起人才危机问题的根源具有重要意义。基于此原因,本文将针对"80后""90后"酒店员工的职业价值观进行深入研究。将以文献理论为基础,结合问卷调查进行分析,论证主管领导行为和个人特质对"80后""90后"酒店员工职业价值观结构的影响,最终提出问题解决方法与参考意见。

1.2 研究意义

1.2.1 理论意义

目前学者们对于酒店业的发展战略和经验管理研究方面的学术成果很多且很成熟;同时在人力资源管理方面,不少关于员工满意度、人员离职行为等方面的调查研究近年来日趋完善。但是针对"80后""90后"酒店员工的研究相对较少,少数针对该群体的研究则主要集中在日常管理、工作流程等方面,而从心理层面和价值观角度来研究"80后""90后"酒店员工则相对薄弱。故本文将从应用心理学角度,以"80后""90后"酒店员工为研究对象,对其职业价值观结构以及从主管领导的人格特质对价值观的影响角度进行分析探讨。将采取数据统计分析的方式得出分析结果,并将研究成果拓展应用到酒店行业人力资源的管理学范畴。此外,目前酒店业虽然蓬勃发展,但是员工流失已经是酒店业所面临的一个十分严峻的问题。在现有的体制下了解酒店员工的职业价值观及其主要影响因素,重视员工的精神层面的追求,注重对酒店员工的心理层面的关怀,是酒店管理者所必须解决的问题。本研究深化了对酒店员工职业价值观方面的认识,在一定程度上丰富了职业心理理论、人力资源管理理论等。

1.2.2 实践意义

在我国,目前阶段酒店员工的工作强度大,社会地位低,工作处于紧张状态。尤其是"80后""90后"酒店员工,他们学历较高,刚刚接触社会不久,经常要面对来自酒店管理与顾客的压力。这种工作状况不但会对酒店管理质量造成隐患,还会导致酒店员工队伍不稳定,员工流失。长此以往,酒店的工作服务质量必然会受到影响,造成人员缺编、服务效率低下等状况,这是一种恶性循环。针对这种现象,分析和研究酒店员工("80后""90后"员工)队伍的职业价值观,以及影响职业价值观的各种因素,将对学校和企业有较强的参考价值和现实意义。同时,也有利于酒店管理人员制定有效的激励管理措施,利于招聘适合星级酒店服务行业工作的员工,而且,对于北京市高星级酒店管理实践及形象品牌、服务质量和顾客忠诚度的提升,具有重要的实践价值。

1.3 研究思路

本文首先总结分析海内外学者对职业价值观和影响因素研究的相关成果,并对北京市高星级酒店的企业管理人员和酒店专业教师进行调研,提出论文的研究假设。其次,设计问卷调查量表,对高星级酒店员工进行调查,探讨酒店员工职业价值观及其影响因素,分析调查数据,用调查分析结果去检验研究假设。最后,综合前面的分析结果,为酒店管理者和学校教师提出建议,并进行研究展望(见图1.1)。

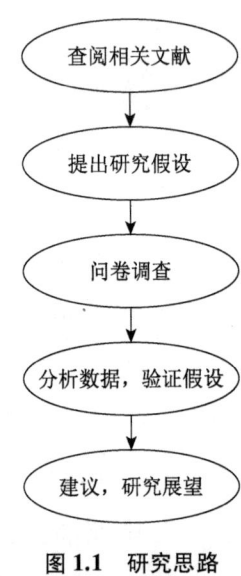

图 1.1 研究思路

2 理论基础与研究方法

2.1 相关概念的界定

2.1.1 职业价值观的定义

职业价值观,一般被国外称为"Work Values"或"Occupational Values",是当今职业教育学与心理学交叉领域中最具有研究价值的论题之一。职业价值观简单来说就是主体对于工作意义的认识,从广义上看,职业价值观包括了从职业伦理道德到工作取向的一系列概念,它涵盖了工作倾向性、工作需求及职业伦理系统等。近些年的研究开始将以往的相关概念进行整合,更多地从基本价值观在工作环境下的反映这一角度来解释职业价值观。表 2.1 是国外学者对职业价值观的定义。

表 2.1　国外学者对职业价值观的定义

研究者	年份	职业价值观的定义
Super	1970	是影响个体职业选择与生涯规划的重要因素,其职业价值的目的在于借个人在生活过程中一系列判断的结果,确立其具有动力意义的态度或观念,以促进个人选择职业的能力。
Henderson	1985	一种信念或情感,当某人对某事认为是值得的之后,即会产生某种态度,引导个体行为去达成目标。
Dose	1997	个人在工作或工作环境中用来判别事物的正确性,或者是评估行动或结果重要性的一种评价性标准。
Schwartz	1999	人们通过工作而达到的目标或者取得的报酬,它们是个体的一般价值观在职业生活中的体现。
Brown	2004	职业价值观可以反映对工作结构重要性的看法,是个体相信在工作角色中应该得到满足的状态。

国内对于职业价值观的研究源自国外,通常将 Work Values 译为职业价值观而非工作价值观,但是在国外很少出现 Occupational Values(职业价值观)一词。国内学者对职业价值观的定义如表 2.2 所示。

表 2.2　国内学者对职业价值观的定义

研究者	年份	职业价值观的定义
黄希庭	1994	是人们对社会职业的需求所表现出来的评价,它是人们价值观在职业问题上的反映,是人生价值观的一个重要方面。
余华	2000	是人们衡量社会上某种职业的优劣和重要性的内心尺度,是个人对待职业的一种信念,并为其职业选择、努力实现工作的目标提供充分的理由。
喻永红	2003	是人们依据自身的需要对待职业本身、职业行为和工作结果的比较稳定的、具有概括性动力作用的成套信息系统,它是个体一般价值观在职业生活中的具体体现,是人们对社会职业的需求所表现出来的评价。
金盛华、李雪	2005	职业价值观是个体在评价和选择职业时的一系列标准。

可见,不同的学者对职业价值观的定义可以分为四个角度:一是从工作的重要性和意义的角度;二是从需求满足的角度;三是从信念、偏好、标准等心理特征的角度;四是从内在动

力的角度。本研究的研究对象是北京市高星级酒店的"80后""90后"员工,从事服务性质的工作。结合以上的不同定义和酒店员工自身工作的特点,本研究使用的"职业价值观"是指个人对酒店工作的信念和偏好程度,能引导个体趋向特定行为,并作为选择工作的指标,影响个体对工作的知觉和评论。

2.1.2 职业价值观的测量

在国外,学术界关于职业价值观的量表很多,如"职业爱好的问卷"(VPI)、"兴趣调查"(SCII)、"职业兴趣调查"(KOIS)、"明尼苏达职业兴趣量表"(MVII)、"职业价值观量表"(WVI)、"职业定向问卷"(HALL)等。在国内,宁维卫1991年修订了Super的职业价值观量表。修订后的量表比原量表多了15个项目,测量了青年的职业价值观;悦陈明、马剑虹于1998年在中国企业员工的样本上编制了职业价值观量表,该量表包括三个维度,分别是工作行为评价因素、个人要求因素与组织集体观念因素;凌文铨等对"Holland中国职业兴趣量表"进行了修订,根据主成分分析方法,将22条职业价值观项目分成三个主成分因素,第一主成分是声望地位因素,第二主成分是保健因素,第三主成分是发展因素。

2.1.3 职业价值观理论基础

2.1.3.1 观念论

在观念论中,有主张先天观念者,也有主张后天观念者,如笛卡尔(Rene Descartes)的先天论以与生俱有的观念作为意识的内容,而洛克(John Locke)的白板说认为一切的观念皆是经由后天经验而生。价值观念是人类行为中的一项特质,成为人类学、心理学、社会学等人文科学共同探讨的问题。李育文(1993)认为价值观是人类特有的产物,其强弱的差异,深受个人先天遗传、社会文化以及教育的影响,因此了解个体的价值观,是从事职业辅导时的重要依据。

2.1.3.2 价值类型理论

德国教育学家和心理学家斯普兰格认为,人以固有的气质为基础,同时也受到文化的影响。他在《生活方式》一书中提出,社会生活有六个基本的领域(理论、经济、审美、社会、权力和宗教),人会对这六个基本领域中的某一个产生特殊的兴趣和价值观。据此,他将人的价值观分为六种类型,分别是:理论型、经济型、审美型、社会型、权力型和宗教型。例如,经济型的人看重食物的经济价值,以获取财产为目的;审美型的人以美为人生的最高意义;社会型的人有志于增进社会和他人的福利。奥尔波特也指出,这种价值观类型划分是一个理想模型,并不真的存在绝对的某一类型的人,具体的个人通常是主要倾向于一种类型并兼有其他类型的特点。

2.1.4 主管领导行为

领导行为是在一个团体中领导者与被领导者在情境相互作用下的影响过程。Yuki（2002）提出，领导行为的定义往往会因为个人观点及现象本身的不同而不同。目前领导的定义相当多元，且没有一个明确的叙述，本研究认为，领导行为是运用策略与自己本身的能力去影响部署的行为，以引导部署达到目标的一种过程。国内外学者提出的领导行为的定义整理如表 2.3 所示。

表 2.3 国内外学者提出的领导行为的定义

学者	年份	领导行为的定义
Munson	1921	领导是创造力和指导力。
Hollander & Julian	1969	领导是影响特定的人之间的关系。
蔡培村	1980	领导是在团体交互行为过程中，领导者运用其影响能力，使成员能实现目标的一种行为。
丁一伦、Jack	2002	领导者在组织中被赋予特定的责任，教导成员基本技能并关心员工，使其愿意跟随指挥与引导，去达成组织目标的管理。
Peter	2009	领导的任务在于充分发挥个人能力、体力、渴望，让整体绩效产生加乘效果，并能够吸引比他优秀的人为其效劳。

2.1.5 人格特质

人格特质理论起源于 20 世纪 30 年代中后期，国内外研究从不同维度对其进行了定义。本研究认为人格特质是一种人格的先天特征，一种稳定而长久的态度与行为，可据此判定个人与他人之间的差异。以下将国内外不同时期的定义整理如表 2.4 所示。

表 2.4 人格特质的定义

学者	年份	人格特质的定义
Allport	1937	个体在不同情境下持续反映出来的人格特征。
David	1989	人格是可以判定与他人之间的差异性或同质性的一种稳定倾向，而个体的行为表现出人格特征，若这种特征持续出现在不同情境中，则可以称为人格特质。
张春兴	1989	人格特质指的是身心各方面的特质的综合体，所以人格是一体多面的，但不管哪一面都是人格的一部分，且各部分彼此并不独立。
黄希庭	1998	整体人格应包括：整体性、稳定性、独特性及社会性等四个基本特征。

续表

学者	年份	人格特质的定义
Robert 和 Lynn	2002	人格是影响单一个体身心之独特所在,也是社会个体的内在结构,它影响个人对社会及物理环境的行为及反应。
林瑞义	2004	个人在不同情境下,稳定且持久表现的行为。

2.1.6 人格特质的理论基础

2.1.6.1 人格特质理论

人格特质理论起源于20世纪40年代的美国,主要代表人物是奥尔波特和卡特尔。特质理论认为,特质是决定个体行为的基本特性,是人格的有效组成元素,也是测评人格所常用的基本单位。特质被看作一种神经心理结构,也是一种先天存在的倾向,使个体以相对一贯的方式对刺激做出反应。

2.1.6.2 大五人格理论(The Big Five Model)

大五人格理论又称人格的五因素模型,最早起源于奥尔波特(1937)对人格特质的研究,初始模型的提出者是雷蒙德。该模型期望以人格特质来解释个人的行为。大五人格特质的构成在不同文化冲击及各种评定中产生,具有恒常性,大多数的研究发现,大五人格特质是稳定的,且不会因样本变化而有所变动或不同,沿用至今,仍是相当广泛地应用的一种人格分类准则。表2.5中列出了大五模型五方面的定义。

表2.5 大五人格模型

构成	含义
开放性 Openness	衡量一个人兴趣的多少。一个人兴趣越多样化,喜爱思考,其开放性越高。特征为其心胸开阔、想象力丰富、乐于体验新事物。
责任感 Consciousness	指一个人对所追求的目标的专心程度。目标越少,越专心,其责任感越高。特征为工作努力、成就导向、毅力顽强,同时也会自我克制、遵守纪律。
外向性 Extraversion	指一个人喜爱社交活动和人际交往的程度。如果一个人越喜欢与人接触、人际沟通能力高,则外向性越强。其特征是充满自信、健谈、喜爱交朋友、热爱参与活动,在团体中比较突出,容易成为领导者。
宜人性 Agreeableness	衡量一个人对规范的顺从程度。若一个人愿意与人合作,接纳他人意见,乐于助人,则宜人性越高。其特征为有礼貌、待人友善、具有利他性、随和易与人相处、合作性高。
神经质 Neuroticism	指一个人能承受负面情感刺激的程度以及自我的调适能力。当一个人所能承受的刺激越多,则其情绪稳定性越高。

2.2 研究综述

国内外学者对职业价值观的研究颇为丰富,研究主要集中在以下四个方面:第一,职业价值观变化的研究;第二,职业价值观结构的研究;第三,职业价值观量表与应用的研究;第四,职业价值观和与之关联性变量的研究。这四个方面相互关联,互为补充,不断充实和完善,为酒店员工职业价值观及其影响因素研究确立了理论框架,提供了很好的研究平台。

2.2.1 国外职业价值观研究的观点与成果

国外学者们对职业价值观的研究十分广泛,多数研究的重点是职业价值观的结构,由于研究者的研究对象和目的的不同,对于职业价值观的结构认识也有所不同,这种不统一决定了结构要素的多维性。最早提出职业价值观分类的是 Ginzberg(1951),他将职业价值观分为内隐性价值观、外显性价值观及附带价值两类,虽然许多研究者对此观点的全面性持怀疑态度,但他的分类为后来的研究奠定了基础。Super(1970)以 Ginzberg 的分类为基础,进一步将职业价值观分成 15 个向度。Miller(1974)更进一步将 Super 的三大类职业价值观重新整理,取消附带价值类别,将职业价值观分为内隐性与外显性两大类。

国外学者对职业价值观影响因素的研究很多,既有内在因素,又有外在因素,内在因素包括兴趣、性格、能力等,外在因素包括家庭、社会、学校等。职业价值观会直接地影响个人对工作所保持的看法与态度,国外对于职业价值观影响因素的研究在不断深入和细化。

2.2.2 国内职业价值观研究的现状与成果

国内对于职业价值观的研究源于国外,针对我国文化及研究对象的不同,国内学者根据国外相关研究进行修订,研究出针对使用对象的职业价值观结构。几十年来心理学研究者对职业价值观做了大量研究,取得了可喜而又丰硕的成果,为今后的研究奠定了基础,但是在该领域中存在的问题仍不容忽视:对职业价值观本质的认识不统一;研究方法上一般采用自编量表法或者是修订量表;没有通过验证性因素分析进一步验证职业价值观的结构是否合理。

2.2.3 主管领导行为与职业价值观的相关研究

目前国内外对职业价值观与主管领导行为之间的相关研究比较缺乏,在此选取了两个比较有代表意义的研究进行论述。

孙宏(2007)的研究发现,整体的领导行为方式显著影响到下属员工的职业价值观和工作满意度。关怀型领导行为和规范型领导行为都对员工的职业价值观和满意度具有显著的正向影响,但后者不如前者强度大;消极改进式领导行为对员工的职业价值观塑造以及工作满意度具有显著的负向影响。

台湾学者路洛(2011)的研究表明,主管的领导行为对员工的职业价值观有着双向作用,同时主管也可以由判读员工的职业价值观来找出最佳激励部署的领导风格,在提升绩效的同时,响应员工的心理需求,也增进互动的质量。

2.2.4 人格特质与职业价值观的相关研究

国内外对职业价值观与人格特质之间的相关研究比较丰富,在此选取了一些有代表性的研究按时间顺序进行论述。

在国外的研究中,Perrone(1973)的研究发现,聪明上进的学生想寻求满足自身内在需要的工作,而较差的学生则较不稳定,同时研究也发现个体能力与人格特质与价值观程度相关。Staw 和 Ross(1985)研究表明,职业价值观包含在工作态度中,因此一个人天生的基本特质可经由观察个体的工作态度进一步来了解。因此职业价值观因人而异,故认为人格特质对个体的职业价值观有十分显著的影响。Berlings 和 Bouwen(2004)的研究指出,工作者的个性会影响职业价值观与职业选择的方向,因此人格特质与职业价值观经常被用来了解与工作选择的相关过程产出和职业偏好;人格特质被认为可影响工作的选择并决定个人基本的职业价值观,人格特质能够有效预测个人职业价值观的形成,而且职业价值观也能反映出个体的人格特质。

在国内方面,侯月瑞(1986)认为,个体的自我概念向度中,以清晰及明确最为重要,自我概念系统中的向度中以结构最为重要,因为如果个体和职业相关的各种属性愈清晰、明确,则个体的自我概念系统的结构愈严谨,某些属性对个体的自我描述就愈清楚,个体也就较容易将自我概念转化为职业用语或职业偏好。刘海(2013)的研究表明,人格特质因素和成就动机对职业价值观存在一定的影响。闫师欧(2013)的研究发现,个人属性对职业自我效能感和职业价值观存在一定程度的影响。

2.3 研究方法

本研究采用定性研究和定量研究相结合的研究方法,在查阅文献资料的基础上,通过问卷调查收集相关的数据资料,采用 SPSS 软件进行数据统计分析,并通过较深入的访谈法进一步收集资料并进行论证分析。本次研究的研究方法具体包括:

2.3.1 文献研究法

通过中国期刊网、万方、CNKI 等网络数据库,搜索相关文献资料;通过校图书馆借阅与职业价值观、领导行为、人力资源管理和心理学相关的书籍,阅读文献资料了解相关的理论知识和研究现状,收集丰富的写作素材,为写好本次论文打下了坚实的基础。

2.3.2 问卷调查法

通过对北京市高星级酒店"80后""90后"酒店员工发放电子问卷进行调查,搜集相关的数据,并进行统计分析,获得职业价值观结构以及主管领导行为和人格特质对酒店员工职业价值观影响的有关结论,并对本研究的研究假设进行验证分析。

3 研究设计

本研究主要采用理论研究和实际调查相结合的研究思路,研究的具体步骤如下:

(1)首先查阅有关职业价值观、领导行为、人力资源管理和心理学方面的书籍和资料,形成理论基础;阅读酒店管理的相关书籍,初步收集酒店管理和酒店员工的相关文献,获得相关资料,并提出假设。

(2)其次根据收集到的相关资料编制调查问卷,进行检验,搜集检验资料。

(3)最后对资料进行统计和数据分析,验证假设,并得出结论。

3.1 研究对象

本文所指的高星级酒店为北京市的五星级酒店和精品、奢华酒店,笔者对正在高星级酒店工作的"80后""90后"酒店员工进行了调查,走访的酒店有四季酒店、康莱德酒店、王府井希尔顿酒店、万达索菲特酒店、凯宾斯基酒店、威斯汀酒店等6家高星级酒店,采访了在餐饮、客房、前厅、康乐等不同部门工作的"80后""90后"酒店员工180余名,对其发放了职业价值观的电子问卷。

3.2 研究假设

根据前述文献资料归纳总结,构建职业价值观与主管领导行为和人格特质之间的相互关系。职业价值观通过人际关系、物质报酬、安全感、尊重和自我成长五个方面来表达,影响职业价值观的因素,以心理学家张进辅的《青少年价值观的特点》中关于职业价值观的影响因素的论述为依据。根据心理学理论,在职业价值观的形成过程中,主观因素(人格特质)和客观因素(主管领导行为)发生交互作用,共同作用于职业价值观的形成,由此构成本次问卷的基本框架,从而提出"80后""90后"酒店员工职业价值观与主管领导行为和人格特质关系的概念模型(见图3.1)。

根据"80后""90后"酒店员工职业价值观与主管领导行为和人格特质关系的概念模型和文献探讨,提出本文的研究假设如下:

H1:不同主管领导行为对"80后""90后"酒店员工在职业价值观各变量上有显著影响。

H1-1 规范型的领导行为对"80后""90后"酒店员工在职业价值观各变量上有显著影响。

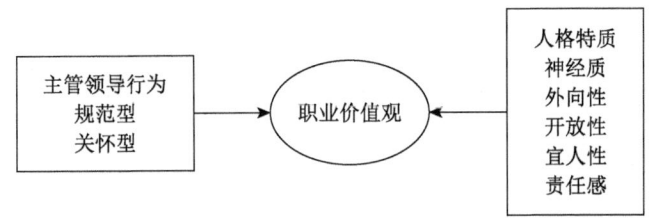

图 3.1 概念模型

H1-2 关怀型的领导行为对"80后""90后"酒店员工在职业价值观各变量上有显著影响。

H2：不同人格特质的酒店员工在职业价值观各变量上有显著影响。

H2-1 神经质（情绪稳定性）的"80后""90后"酒店员工在职业价值观各变量上有显著影响。

H2-2 外向性的"80后""90后"酒店员工在职业价值观各变量上有显著影响。

H2-3 开放性的"80后""90后"酒店员工在职业价值观各变量上有显著影响。

H2-4 宜人性的"80后""90后"酒店员工在职业价值观各变量上有显著影响。

H2-5 责任感的"80后""90后"酒店员工在职业价值观各变量上有显著影响。

3.3 研究变量

3.3.1 职业价值观维度与评量项目

本研究首先通过搜集如护理人员、企业员工等类似群体的职业价值观的相关研究，以台湾学者吴铁雄、李坤崇、刘佑星(1996)对台湾大专应届毕业生为研究对象所制定的职业价值观量表为参考基础，将量表中的职业价值观的取向作为本研究的职业价值观的问卷，再依据"80后""90后"酒店员工实际状况修改设计完成。表 3.1 对该量表的几个维度做出简要的说明：

表 3.1 职业价值观问卷各维度定义以及评量项目

维度	定义	评量项目
组织安全与经济	工作时能得到合理的工作报酬，组织是否有完善的制度	1.在生病时能得到公司(组织)妥善的关照
		2.公司(组织)的工作环境有完善的安全措施
		3.公司(组织)有完善的保障制度
		4.公司(组织)的薪资分配公平合理
		5.公司(组织)有健全的福利制度
		6.自己对工作的付出，能获得合理的报酬
		7.公司会有适度的加薪或分红
		8.工作时间能充分配合生活作息

续表

维度	定义	评量项目
社会互动	工作时能与上司或同事分享喜怒哀乐，与他人建立良好的人际关系	9.同事之间能互相照顾、彼此关怀
		10.同事之间不会为私人利益而相互攻击
		11.能愉快地与同事一起完成工作
		12.同事之间能融洽相处
		13.能经常处于人际关系良好的工作环境
		14.在工作中能真诚对待周围的人
自我成长	工作时能不断获取并发挥创造力以及促进个人发展	15.能在工作中不断获得新技能
		16.在工作中能有充分进修的机会
		17.在工作中能对事情作深入的分析研究
		18.在工作中能有机会尝试新的工作做法
		19.能从事具有前瞻性的工作
		20.在工作中有很好的发展前景
安定免于焦虑	工作时能处于稳定而有规律的工作状态，免于紧张焦虑和恐惧	21.能从事有变化但不紊乱的工作
		22.工作时不必处理很多繁杂琐碎的事务
		23.能避免工作竞争所衍生的各种焦虑
		24.工作中不会时常感到紧张
		25.下班后不必经常担心公司(组织)的事
休闲健康与交通	工作时能有充分的体能运动，充分的休闲活动以及交通便利	26.可以安排自己想过的生活
		27.工作时间有弹性
		28.能避免过多的交际应酬,以保持身体健康
		29.能服务于交通便利的公司(组织)
		30.上下班能免于塞车之苦
尊严	工作时能满足个人成就感,获取自主性与自我肯定,赢得他人尊重以及拥有管理权力和支配力	31.在工作职责内承担自己的责任
		32.能经由工作获得自我肯定
		33.能经由工作获得别人的肯定
		34.在工作中拥有充分的授权
自我实现	工作时能实现人生目标，展现个人才华,为社会做贡献	35.能为社会做些有意义的事情
		36.能通过工作,服务人民与社会

职业价值观量表分为组织安全与经济、社会互动、自我成长、安定免于焦虑、休闲健康与交通、尊严和自我实现七个维度，由 36 个题项构成。采用五点尺度评分法，每一题都是受试者根据个人在工作上所判断或重视的程度来回答，"非常不重要"为 1 分；"不重要"为 2 分；"普通"为 3 分；"重要"为 4 分；"非常重要"为 5 分。题目都是正向题，得分越高表示受访者对职业价值观重视程度越高，反之则越低。

3.3.2　主管领导行为维度与评量项目

本研究使用的主管领导行为量表以中国科学院心理研究所 502 组编制的《企业领导行为评价调查量表》为基础，再依据"80 后""90 后"酒店员工实际状况修改设计完成。本研究中的主管领导是这六家酒店负责员工管理的领导或管理人员，将"主管领导行为"因子划分为"规范型"与"关怀型"两个维度。规范型领导会重视组织目标的达成、指示工作方法、澄清工作角色、对工作给予一定的压力；关怀型领导则关注增进与部属关系方面的行为，例如：建立友谊、相互信任、彼此尊重、营造亲切温暖的工作氛围、注重人文关怀等（见表 3.2）。

表 3.2　主管领导行为评量项目

维度	评量项目
关怀型	1.当我的表现获得顾客或同事的肯定时,我的直属主管会称赞我
	2.主管会依照公司内同事的能力分配适当的工作量
	3.主管具有亲和力并且关心员工
	4.主管会接纳企业内同事或团队的看法,以寻求新的意见
	5.部门其他同事改变所担任的工作内容时,主管会事先与我们讨论
	6.主管总是尽量让上级对本部门内的同事有好印象
	7.为了达到目标或提高效率,主管愿意和下属同甘共苦
规范型	8.主管清楚知道下属的考勤表现
	9.主管总是以有效的方法来解决问题
	10.当我的部门表现较差时,主管会对员工加以斥责
	11.为了达成部门的工作目标,主管会要求较差的下属多努力
	12.主管能有效地帮助员工改善工作绩效
	13.主管严格要求员工遵守公司规章制度
	14.主管总是以他的看法来领导我们

主管领导行为量表分为关怀型和规范型两个维度,由 14 个题项构成,采用五点计分方式,从"非常不同意"到"同意""普通""同意""非常同意",分别给予 1~5 分。关怀型为 1~7 题,规范型为 8~14 题,以两者中总分较高者而定。

3.3.3 人格特质维度与评量项目

本研究使用诺曼(1963)用因素分析法所得出的大五人格模型,经由科斯塔和麦克雷在 1987 年修订制成,这五因素分别为神经质、外向性、开放性、宜人性、责任感。本研究的人格特质量表以中科院心理学家张建新教授修订制成的中文版量表为参考基础,再依据"80 后""90 后"酒店员工实际状况修改设计完成(见表 3.3)。

表 3.3 人格特质问卷各维度评量项目

维度	评量项目
神经质	1.我经常会感到忧虑或意志消沉
	2.我经常感到紧张和不安
	3.当事情变得糟糕时,我经常会感到沮丧并感觉要放弃
	4.我经常感觉不如其他人
	5.我经常感到无助,并且渴望其他人来解决我的问题
外向性	6.我通常喜欢自己一个人做事
	7.我喜欢很多人围绕在我身边
	8.我宁愿自己单独行动,较不喜欢领导他人
	9.我很喜欢跟别人交谈
	10.我喜欢到热闹的地方
开放性	11.我经常尝试新的事物
	12.一旦我找到做某件事情的方法,我会坚守该方法
	13.我有很强烈的好奇心
	14.我通常喜欢思考、探索抽象的概念
	15.我不喜欢浪费时间幻想或做白日梦
宜人性	16.大部分我认识的人都很喜欢我
	17.有些人认为我自私而且自我
	18.我经常是体贴并且替别人考虑周到的
	19.我比较喜欢与他人合作而不是竞争
	20.如果我不喜欢他人,我会让他们知道

续表

维度	评量项目
责任感	21.我不是一个办事很有条理的人
	22.对于交付给我的任务,我会认真去做
	23.当我下定决心,我总是能够坚持到底
	24.对于做每件事,我总是努力达到卓越的程度
	25.我要花很长时间才能静下心来工作

人格特质量表分为五个维度,量表题目分别为神经质、外向性、开放性、宜人性、责任感。神经质的题目为1~5题;外向性的题目为6~10题;开放性的题目为11~15题;宜人性的题目为16~20题;责任感的题目为21~25题。量表上分别标明"非常同意""同意""普通""不同意""非常不同意"等五种选择。正向题目分别给予5分、4分、3分、2分、1分;反向题目分别给予1分、2分、3分、4分、5分。

3.4 施测以及数据采集

本研究采用问卷调查法,通过问卷星发放电子问卷进行数据实证调查,于2015年2月1日至2015年3月15日进行期间调查研究,走访北京市高星级酒店六所,分别为四季酒店、康莱德酒店、王府井希尔顿酒店、万达索菲特酒店、凯宾斯基酒店、威斯汀酒店,对这六所酒店内的150余名"80后""90后"酒店员工发放电子问卷;同时又对北京第二外国语学院酒店管理专业有过酒店实习经历的30余名大四本科生发放电子问卷。在此期间,总共发放电子问卷189份(150余名酒店员工和30余名酒店管理专业的大四本科生),回收问卷189份,回收率为100%,问卷有效率为100%。

4 实证检验和结果分析

在本部分,笔者针对"80后""90后"酒店员工这一研究对象,研究其职业价值观结构以及主管领导行为和人格特质与职业价值观各维度的关系。根据调查问卷的结果来进行问卷信度和问卷效度的检验,对检验结果做出适当修改,然后运用SPSS统计软件进行数据分析,最终得出研究结果。

4.1 问卷信度和问卷效度的检验

4.1.1 信度检验

本研究采用内部一致性指标对问卷的信度进行检验,以克隆巴赫 α 系数来估计,α 系数越大,则该问卷各个项目之间的相关性越大,即内部一致性程度越高。利用 SPSS 软件对酒店员工职业价值观量表、主管领导行为量表和人格特质量表进行信度分析,分析结果如表 4.1、表 4.2 和表 4.3 所示。

表 4.1 职业价值观量表的克隆巴赫 α 信度系数表

职业价值观维度	克隆巴赫 α 系数	项目编号
组织安全与经济	0.964	1、2、3、4、5、6、7、8
社会互动	0.968	9、10、11、12、13、14
自我成长	0.950	15、16、17、18、19、20
安定免于焦虑	0.926	21、22、23、24、25
休闲健康与交通	0.937	26、27、28、29、30
尊严	0.930	31、32、33、34
自我实现	0.919	35、36
总量表	0.948	

从表 4.1 可得知,职业价值观量表信度系数为 0.948,大于 0.8,内部一致性达到了比较高的水平。而酒店员工职业价值观总量表和内部因子一致性在 0.919~0.968,大于 0.5,由此说明此次"80 后""90 后"酒店员工职业价值观量表具有稳定且良好的信度。

表 4.2 主管领导行为量表的克隆巴赫 α 信度系数表

变量	克隆巴赫 α 系数	项目编号
关怀型	0.906	1、2、3、4、5、6、7、
规范型	0.804	8、9、10、11、12、13、14
总量表	0.895	

由表 4.2 可得知,主管领导行为量表总体信度系数 α 值为 0.895,关怀型和规范型信度系数 α 值分别为 0.906 和 0.804,信度系数均在 0.80 以上,说明该量表呈现出较高的内部一致性水平。

表 4.3　人格特质量表的克隆巴赫 α 信度系数表

人格特质成分	克隆巴赫 α 系数	项目编号
神经质	0.931	1、2、3、4、5
外向性	0.710	6、7、8、9、10
开放性	0.892	11、12、13、14、15
宜人性	0.709	16、17、18、19、20
责任感	0.765	21、22、23、24、25
总量表	0.921	

表 4.3 的结果说明,人格特质量表总体信度系数 α 为 0.921,在 0.80 以上,内部一致性达到了较高的水平,这说明了该量表具有稳定而良好的信度水平。

4.1.2　效度检验

区分度 D 是指不同变量之间的差异化程度,通常,区分度的评价方法是探索性因子分析法,本研究将在样本调查中通过探索性因子分析对区分度进行检验。在做因子分析之前,需要使用 KMO 检验和 Bartlett 球形检验,以此来检验数据是否适合做因子分析。当 KMO 值越大时,共同因素越多,越适合进行因子分析。通常,当 KMO 在 0.9 以上时,很适合做因子分析;0.8~0.9,比较适合做因子分析;0.7~0.8,可以做因子分析;0.6~0.7,一般;0.6 以下,不适合做因子分析。

4.1.2.1　职业价值观量表效度检验

运用 SPSS17.0 对职业价值观量表 36 个题项(A1-A36)进行统计分析,输出结果如表 4.4 所示。

表 4.4　职业价值观量表的 KMO 检验和 Bartlett 球形检验

KMO 检验值		.890
Bartlett 球形检验	近似卡方	11430.560
	Df	630
	Sig.	.000

由表 4.4 可知,KMO 检验值为 0.890,说明该组数据可做因子分析。同时,Bartlett 球形检验的卡方统计值的显著性概率是 0.000,小于 1%,说明职业价值观量表的数据相关矩阵不是单位矩阵,有相关性,也说明职业价值观量表中的影响因素对职业价值观的影响显著,该量

表有较好的效度。

4.1.2.2 主管领导行为部分问卷的效度分析

本研究利用 SPSS 统计软件对主管领导行为量表的全部项目进行统计分析,统计结果如表 4.5 所示。

表 4.5 主管领导行为量表的 KMO 检验和 Bartlett 球形检验

KMO 检验值		.848
Bartlett 球形检验	近似卡方	1984.008
	Df	91
	Sig.	.000

由表 4.5 可知,KMO 检验值为 0.848,表明该组数据可做因子分析。另外,Bartlett 球形检验的卡方统计值的显著性概率是 0.000,小于 1%,说明主管领导行为量表的数据相关矩阵不是单位矩阵,具有相关性,也说明主管领导行为量表中的影响因素对职业价值观的影响显著,该量表有良好的效度。

4.1.2.3 人格特质部分问卷的效度分析

运用 SPSS 统计软件对人格特质量表的全部项目进行统计分析,统计结果如表 4.6 所示。

表 4.6 人格特质量表的 KMO 检验和 Bartlett 球形检验

KMO 检验值		.780
Bartlett 球形检验	近似卡方	4051.302
	Df	300
	Sig.	.000

由表 4.6 可得知,KMO 检验值为 0.780,说明该组数据可以做因子分析。同时,Bartlett 球形检验的卡方统计值的显著性概率是 0.000,小于 1%,表明人格特质量表的数据相关矩阵不是单位矩阵,具有相关性,也说明人格特质量表中的影响因素对职业价值观的影响显著,该量表有良好的效度。

4.2 "80后""90后"酒店员工职业价值观的特点

本研究主要从职业价值观的组织安全与经济、社会互动、自我成长、安定免于焦虑、休闲健康与交通、尊严、自我实现这七个方面对"80后""90后"酒店员工职业价值观的基本情况进行描述。对于"80后""90后"酒店员工来说,职业价值观各个成分的重要程度如表4.7。排名前三的是组织安全与经济、社会互动、自我成长。这三个维度被认为最重要,而安定免于焦虑则相对来说最不重要,这表明"80后""90后"酒店员工将工作的组织安全与收入报酬看得最重,其次对自己在工作中的社会互动性与个人的自我成长空间也十分看重,相对来说,对安定的工作环境和工作氛围不怎么看重。

表4.7 "80后""90后"酒店员工职业价值观各维度重要性排序

维度	N	均值	标准差
组织安全与经济	189	3.9266	.93886
社会互动	189	3.8968	.92657
自我成长	189	3.8862	.87763
尊严	189	3.8571	.90842
休闲健康与交通	189	3.8254	.94176
自我实现	189	3.8214	.86421
安定免于焦虑	189	3.7111	.84308

4.3 "80后""90后"酒店员工的职业价值观与主管领导行为和人格特质的相关性分析

酒店员工职业价值观的影响因素有很多,本研究主要从调查对象的感知层面和个体角度出发,选择了主管领导行为和人格特质这两个主要因素,利用SPSS统计软件对问卷的结果进行数据分析,探索主管领导行为和人格特质这两个因素对"80后""90后"酒店员工职业价值观的影响,提出针对"80后""90后"酒店员工的职业价值观的教育建议与对策。

4.3.1 主管领导行为

主管领导行为可以提升下属的公平感,是构成酒店员工工作环境的一个重要因素。本研究从规范型和关怀型两个方面来研究主管领导行为对"80后""90后"酒店员工职业价值观的影响。根据问卷数据处理结果,得到主管领导行为与职业价值观的相关系数(见表4.8)。

表 4.8　主管领导行为与"80后""90后"酒店员工职业价值观的相关系数表

		组织安全与经济	社会互动	自我成长	安定免于焦虑	休闲健康与交通	尊严	自我实现
关怀型	Pearson 相关性	.467**	.431**	.218**	.351**	.190**	.234**	.360**
	显著性（双侧）	0.00	0.00	0.00	0.00	0.002	0.00	0.003
规范型	Pearson 相关性	.310**	.276**	.361**	.213**	.110**	.274**	.285**
	显著性（双侧）	0.00	0.00	0.00	0.038	0.00	0.00	0.021

注：**表示在0.01的水平上显著（双尾）。

根据表4.8可知，规范型领导行为主要与"80后""90后"酒店员工职业价值观的尊严（r=0.274）、社会互动（r=0.276）、安定免于焦虑（r=0.213）、自我成长（r=0.361）、组织安全与经济（r=0.310）、自我实现（r=0.285）在0.01的显著水平下呈低度显著正相关，因此，文中假设H1-1基本成立。

而关怀型领导行为主要与"80后""90后"酒店员工职业价值观的社会互动（r=0.431）、组织安全与经济（r=0.467）在0.01的显著水平下呈中等程度的显著正相关；与职业价值观中的安定免于焦虑（r=0.351）、尊严（r=0.234）、自我实现（r=0.360）在0.01的显著水平下呈低度显著正相关，因此，文中假设H1-2基本成立。

4.3.2　人格特质

"80后""90后"酒店员工的人格特质指的是研究对象人格在不同的时间和情境中所表现出来的独特而稳定的心理特质，决定个人适应环境的行为图式及思维方式。本研究运用大五人格模型将人格特质分为了神经质、外向性、开放性、宜人性、责任感五方面，人格特质在对于职业价值观的各维度的相关分析上，不同人格特质的酒店员工其职业价值观的不同维度上有不同的影响。根据数据结果以及运用SPSS软件的统计分析，得到酒店员工的人格特质与职业价值观的相关关系如表4.9所示。

表 4.9　人格特质因素与"80后""90后"酒店员工职业价值观各维度之间的相关系数表

		自我成长	尊严	社会互动	组织安全与经济	安定免于焦虑	休闲健康与交通	自我实现
神经质	Pearson 相关性	.050	0.36	.121	.109	.568**	-.336*	.365*
	显著性（双侧）	.475	.586	.105	.123	.007	.049	.013

续表

		自我成长	尊严	社会互动	组织安全与经济	安定免于焦虑	休闲健康与交通	自我实现
外向性	Pearson 相关性	.311**	-.467**	.639**	.265*	.459**	.574**	.276*
	显著性（双侧）	.000	.004	.002	.000	.001	.000	.019
开放性	Pearson 相关性	-.049	-.028	.317**	.365**	.014	-.091	.088
	显著性（双侧）	.454	.671	.001	.000	.801	.241	.091
宜人性	Pearson 相关性	.188	-.347**	.063	.339**	.218**	-.029	.349**
	显著性（双侧）	.019	.005	.371	.000	.002	.648	.001
责任感	Pearson 相关性	.371**	.331**	.276**	-.003	-.016	-.115	.206**
	显著性（双侧）	.002	.000	.003	.897	.776	.032	.007

注：**表示在0.01的水平上显著（双尾）；*表示在0.05的水平上显著（双尾）。

如表4.9所示，神经质（情绪稳定性）人格的酒店员工与职业价值观的安定免于焦虑维度（r=0.568）在0.01的显著性水平下具有中等程度的显著正相关性；而在0.05的显著水平下，同休闲健康与交通（r=-0.336）具有低度显著负相关性，与自我实现（r=0.365）之间具有低度显著正相关性；与价值观的其他维度，如自我成长、尊严、社会互动、组织安全与经济则不具备显著相关性。因此，假设H2-1部分成立。

具有外向性人格特质的"80后""90后"酒店员工，在0.01的显著性水平下，与尊严（r=-0.467）呈中等程度的显著负相关；与社会互动（r=0.639）、休闲健康与交通（r=0.574）具有高度的显著正相关性；与自我成长（r=0.311）、安定免于焦虑（r=0.459）有低度显著正相关性；而同组织安全与经济（r=0.265）、自我实现（r=0.276）在0.05的显著性水平下有低度显著正相关性。因此，假设H2-2成立。

具有开放性人格特质的"80后""90后"酒店员工，在0.01的显著性水平下，与社会互动（r=0.317）、组织安全与经济（r=0.365）呈低度显著正相关；与职业价值观的其他五个维度则不具备显著相关性。因此，假设H2-3部分成立。

具有宜人性人格特质的"80后""90后"酒店员工，在0.01的显著水平下，与尊严（r=-0.347）呈低度显著负相关；同组织安全与经济（r=0.339）、自我实现（r=0.349）、安定免于焦虑（r=0.218）呈低度显著正相关；而与自我成长、社会互动、休闲健康与交通这三个维度不具备显著相关性。因此，假设H2-4部分成立。

具有责任感人格的"80后""90后"酒店员工，在0.01的显著水平下，与自我成长（r=0.371）、尊严（r=0.331）、社会互动（r=0.276）、自我实现（r=0.206）呈低度显著正相关；

而同休闲健康与交通、组织安全与经济、安定免于焦虑这三个维度不具备显著相关性。因此,假设 H2-5 部分成立。

4.4 回归效应检验

4.4.1 "80后""90后"酒店员工职业价值观结构对主管领导行为的多元回归

由表 4.8 可知,"80后""90后"酒店员工的职业价值观与主管领导行为相关显著,故可进行回归分析,检验结果如表 4.10 至表 4.16 所示。

表 4.10 有关"80后""90后"酒店员工职业价值观组织安全与经济维度
对主管领导行为相关维度的逐步回归分析结果

因变量	预测变量	R	R²	F	B	Beta	t
组织安全与经济	方程模型	.467	.218	25.907***			
	常数项				1.503		3.835***
	规范型				.484	.310	4.461***
	关怀型				.660	.467	5.368***

从表 4.10 中可知,进入"80后""90后"酒店员工职业价值观组织安全与经济回归方程的显著自变量为规范型和关怀型的主管领导行为。标准化回归系数分别为 0.484、0.660;该模型的判定系数为 0.218,也就是主管领导行为能预测"80后""90后"酒店员工职业价值观组织安全与经济维度的 21.8% 的变异量。建立的多元线性回归方程为:"80后""90后"酒店员工职业价值观的组织安全与经济维度 = 1.503+0.484×规范型主管领导行为+0.660×关怀型主管领导行为。

表 4.11 有关"80后""90后"酒店员工职业价值观社会互动维度
对主管领导行为相关维度的逐步回归分析结果

因变量	预测变量	R	R²	F	B	Beta	t
社会互动	方程模型	.432	.186	21.304***			
	常数项				1.726		4.377***
	规范型				.426	.276	3.930***
	关怀型				.602	.431	6.530***

从表 4.11 中可知,进入"80后""90后"酒店员工职业价值观社会互动回归方程的显著

自变量为规范型和关怀型的主管领导行为。标准化回归系数分别为 0.426、0.602;该模型的判定系数为 0.186,也就是主管领导行为能预测"80 后""90 后"酒店员工职业价值观社会互动维度的 18.6% 的变异量。建立的多元线性回归方程为:"80 后""90 后"酒店员工职业价值观的社会互动维度 = 1.726+0.426×规范型主管领导行为+0.602×关怀型主管领导行为。

表 4.12 有关"80 后""90 后"酒店员工职业价值观尊严维度对主管领导行为相关维度的逐步回归分析结果

因变量	预测变量	R	R^2	F	B	Beta	t
尊严	方程模型	.548	.301	40.001***			
	常数项				1.653		4.556***
	规范型				.602	.431	8.629***
	关怀型				.695	.534	6.530***

从表 4.12 中可知,进入"80 后""90 后"酒店员工职业价值观尊严维度回归方程的显著自变量为规范型和关怀型的主管领导行为。标准化回归系数分别为 0.602、0.695;该模型的判定系数为 0.301,也就是主管领导行为能预测"80 后""90 后"酒店员工职业价值观尊严维度的 30.1% 的变异量。建立的多元线性回归方程为:"80 后""90 后"酒店员工职业价值观的尊严维度 = 1.653+0.602×规范型主管领导行为+0.695×关怀型主管领导行为。

表 4.13 有关"80 后""90 后"酒店员工职业价值观自我实现维度
对主管领导行为相关维度的逐步回归分析结果

因变量	预测变量	R	R^2	F	B	Beta	t
自我实现	方程模型	.495	.245	30.132***			
	常数项				1.432		3.706***
	规范型				.446	.285	4.058***
	关怀型				.695	.490	7.678***

从表 4.13 中可知,进入"80 后""90 后"酒店员工职业价值观自我实现维度回归方程的显著自变量为规范型和关怀型的主管领导行为。标准化回归系数分别为 0.446、0.695;该模型的判定系数为 0.245,也就是主管领导行为能预测"80 后""90 后"酒店员工职业价值观自我实现维度的 24.5% 的变异量。建立的多元线性回归方程为:"80 后""90 后"酒店员工职业价值观的自我实现维度 = 1.432+0.446×规范型主管领导行为+0.695×关怀型主管领导行为。

表 4.14 有关"80后""90后"酒店员工职业价值观自我成长维度
对主管领导行为相关维度的逐步回归分析结果

因变量	预测变量	R	R²	F	B	Beta	t
自我成长	方程模型	.519	.269	34.275***			
	常数项				1.420		4.010***
	规范型				.483	.331	4.792***
	关怀型				.685	.518	8.278***

从表4.14中可知,进入"80后""90后"酒店员工职业价值观自我成长维度回归方程的显著自变量为规范型和关怀型的主管领导行为。标准化回归系数分别为0.483、0.685;该模型的判定系数为0.269,也就是主管领导行为能预测"80后""90后"酒店员工职业价值观自我成长维度的26.9%的变异量。建立的多元线性回归方程为:"80后""90后"酒店员工职业价值观的自我成长维度＝1.420+0.483×规范型主管领导行为+0.685×关怀型主管领导行为。

表 4.15 有关"80后""90后"酒店员工职业价值观休闲健康与交通维度
对主管领导行为相关维度的逐步回归分析结果

因变量	预测变量	R	R²	F	B	Beta	t
休闲健康与交通	方程模型	.394	.156	17.140***			
	常数项				1.709		4.338***
	规范型				.468	.310	4.454***
	关怀型				.534	.390	5.796***

从表4.15中可知,进入"80后""90后"酒店员工职业价值观休闲健康与交通维度回归方程的显著自变量为规范型和关怀型的主管领导行为。标准化回归系数分别为0.468、0.534;该模型的判定系数为0.156,也就是主管领导行为能预测"80后""90后"酒店员工职业价值观休闲健康与交通维度的15.6%的变异量。建立的多元线性回归方程为:"80后""90后"酒店员工职业价值观的休闲健康与交通维度＝1.709+0.468×规范型主管领导行为+0.534×关怀型主管领导行为。

表 4.16　有关"80 后""90 后"酒店员工职业价值观安定免于焦虑维度
对主管领导行为相关维度的逐步回归分析结果

因变量	预测变量	R	R²	F	B	Beta	t
安定免于焦虑	方程模型	.352	.124	13.128***			
	常数项				2.005		5.383***
	规范型				.355	.253	3.577***
	关怀型				.446	.351	5.131***

从表 4.16 中可知,进入"80 后""90 后"酒店员工职业价值观安定免于焦虑维度回归方程的显著自变量为规范型和关怀型的主管领导行为。标准化回归系数分别为 0.355、0.446;该模型的判定系数为 0.124,也就是主管领导行为能预测"80 后""90 后"酒店员工职业价值观安定免于焦虑维度的 12.4% 的变异量。建立的多元线性回归方程为:"80 后""90 后"酒店员工职业价值观的安定免于焦虑维度 = 2.005+0.355×规范型主管领导行为+0.446×关怀型主管领导行为。

4.4.2 "80 后""90 后"酒店员工职业价值观结构对人格特质的多元回归

由表 4.9 可知,"80 后""90 后"酒店员工职业价值观结构与人格特质的五个维度相关显著,故可进行回归分析,检验结果如表 4.17 至表 4.23 所示。

表 4.17　有关"80 后""90 后"酒店员工职业价值观组织安全与经济维度
对人格特质相关维度的逐步回归分析结果

因变量	预测变量	R	R²	F	B	Beta	t
组织安全与经济	方程模型	.489	.239	11.505***			
	常数项				1.753		4.830***
	神经质				.095	.101	1.386***
	外向性				.353	.264	3.736***
	开放性				.577	.486	7.597***
	宜人性				.572	.392	5.820***
	责任感				.542	.395	5.876***

从表 4.17 中可知,进入"80 后""90 后"酒店员工职业价值观组织安全与经济维度回归方程的显著自变量为神经质、外向性、开放性、宜人性和责任感这五个人格特质。标准化回

归系数分别为 0.095、0.353、0.577、0.572、0.542;该模型的判定系数为 0.239,也就是这五项人格特质能预测"80后""90后"酒店员工职业价值观组织安全与经济维度的 23.9%的变异量。建立的多元线性回归方程为:"80后""90后"酒店员工职业价值观的组织安全与经济维度 = 1.753+0.095×神经质人格特质+0.353×外向性人格特质+0.577×开放性人格特质+0.572×宜人性人格特质+0.542×责任感人格特质。

表 4.18　有关"80后""90后"酒店员工职业价值观社会互动维度对人格特质相关维度的逐步回归分析结果

因变量	预测变量	R	R^2	F	B	Beta	t
社会互动	方程模型	.476	.227	10.733***			
	常数项				1.750		4.846***
	神经质				.095	.102	1.400***
	外向性				.332	.251	3.553***
	开放性				.550	.469	7.258***
	宜人性				.562	.390	5.786***
	责任感				.550	.406	6.071***

从表 4.18 中可知,进入"80后""90后"酒店员工职业价值观社会互动维度回归方程的显著自变量为神经质、外向性、开放性、宜人性和责任感这五个人格特质。标准化回归系数分别为 0.095、0.332、0.550、0.562、0.550;该模型的判定系数为 0.227,也就是这五项人格特质能预测"80后""90后"酒店员工职业价值观社会互动维度的 22.7%的变异量。建立的多元线性回归方程为:"80后""90后"酒店员工职业价值观的社会互动维度 = 1.750+0.095×神经质人格特质+0.332×外向性人格特质+0.550×开放性人格特质+0.562×宜人性人格特质+0.550×责任感人格特质。

表 4.19　有关"80后""90后"酒店员工职业价值观尊严维度对人格特质相关维度的逐步回归分析结果

因变量	预测变量	R	R^2	F	B	Beta	t
尊严	方程模型	.448	.200	9.168***			
	常数项				2.134		6.229***
	神经质				.112	.128	1.768***
	外向性				.270	.219	3.076***
	开放性				.473	.432	6.556***
	宜人性				.450	.335	4.855***
	责任感				.443	.350	5.114***

从表 4.19 中可知,进入"80 后""90 后"酒店员工职业价值观尊严维度回归方程的显著自变量为神经质、外向性、开放性、宜人性和责任感这五个人格特质。标准化回归系数分别为 0.112、0.270、0.473、0.450、0.443;该模型的判定系数为 0.200,也就是这五项人格特质能预测"80 后""90 后"酒店员工职业价值观尊严维度的 20.0% 的变异量。建立的多元线性回归方程为:"80 后""90 后"酒店员工职业价值观的尊严维度 = 2.134+0.112×神经质人格特质+0.270×外向性人格特质+0.473×开放性人格特质+0.450×宜人性人格特质+0.443×责任感人格特质。

表 4.20　有关"80 后""90 后"酒店员工职业价值观自我实现维度对人格特质相关维度的逐步回归分析结果

因变量	预测变量	R	R^2	F	B	Beta	t
自我实现	方程模型	.488	.238	11.429***			
	常数项				1.946		5.340***
	神经质				.129	.137	1.886***
	外向性				.296	.221	3.094***
	开放性				.545	.458	7.040***
	宜人性				.580	.395	5.887***
	责任感				.427	.310	4.453***

从表 4.20 中可知,进入"80 后""90 后"酒店员工职业价值观自我实现维度回归方程的显著自变量为神经质、外向性、开放性、宜人性和责任感这五个人格特质。标准化回归系数分别为 0.129、0.296、0.545、0.580、0.427;该模型的判定系数为 0.238,也就是这五项人格特质能预测"80 后""90 后"酒店员工职业价值观自我实现维度的 23.8% 的变异量。建立的多元线性回归方程为:"80 后""90 后"酒店员工职业价值观的自我实现维度 = 1.946+0.129×神经质人格特质+0.296×外向性人格特质+0.545×开放性人格特质+0.580×宜人性人格特质+0.427×责任感人格特质。

表 4.21　有关"80 后""90 后"酒店员工职业价值观自我成长维度对人格特质相关维度的逐步回归分析结果

因变量	预测变量	R	R^2	F	B	Beta	t
自我成长	方程模型	.484	.234	11.207***			
	常数项				1.782		5.236***
	神经质				.114	.129	1.778***
	外向性				.323	.258	3.651***

续表

因变量	预测变量	R	R²	F	B	Beta	t
自我成长	开放性				.527	.475	7.374***
	宜人性				.564	.413	6.203***
	责任感				.530	.413	6.194***

从表4.21中可知,进入"80后""90后"酒店员工职业价值观自我成长维度回归方程的显著自变量为神经质、外向性、开放性、宜人性和责任感这五个人格特质。标准化回归系数分别为0.114、0.323、0.527、0.564、0.530;该模型的判定系数为0.234,也就是这五项人格特质能预测"80后""90后"酒店员工职业价值观自我成长维度的23.4%的变异量。建立的多元线性回归方程为:"80后""90后"酒店员工职业价值观的自我成长维度=1.782+0.114×神经质人格特质+0.323×外向性人格特质+0.527×开放性人格特质+0.564×宜人性人格特质+0.530×责任感人格特质。

表4.22 有关"80后""90后"酒店员工职业价值观休闲健康与交通维度对人格特质相关维度的逐步回归分析结果

因变量	预测变量	R	R²	F	B	Beta	t
休闲健康与交通	方程模型	.374	.140	5.946***			
	常数项				2.193		5.872***
	神经质				.113	.124	1.705***
	外向性				.249	.192	2.676***
	开放性				.409	.356	5.204***
	宜人性				.437	.309	4.448***
	责任感				.440	.331	4.803***

从表4.22中可知,进入"80后""90后"酒店员工职业价值观休闲健康与交通维度回归方程的显著自变量为神经质、外向性、开放性、宜人性和责任感这五个人格特质。标准化回归系数分别为0.113、0.249、0.409、0.437、0.440;该模型的判定系数为0.140,也就是这五项人格特质能预测"80后""90后"酒店员工职业价值观休闲健康与交通维度的14.0%的变异量。建立的多元线性回归方程为:"80后""90后"酒店员工职业价值观的休闲健康与交通维度=2.193+0.113×神经质人格特质+0.249×外向性人格特质+0.409×开放性人格特质+0.437×宜人性人格特质+0.440×责任感人格特质。

表 4.23　有关"80 后""90 后"酒店员工职业价值观安定免于焦虑维度对人格特质相关维度的逐步回归分析结果

因变量	预测变量	R	R²	F	B	Beta	t
安定免于焦虑	方程模型	.412	.169	7.467***			
	常数项				1.875		5.506***
	神经质				.142	.167	2.323***
	外向性				.304	.253	3.580***
	开放性				.412	.386	5.726***
	宜人性				.469	.358	5.240***
	责任感				.451	.366	5.373***

从表 4.23 中可知，进入"80 后""90 后"酒店员工职业价值观安定免于焦虑维度回归方程的显著自变量为神经质、外向性、开放性、宜人性和责任感这五个人格特质。标准化回归系数分别为 0.142、0.304、0.412、0.469、0.451；该模型的判定系数为 0.169，也就是这五项人格特质能预测"80 后""90 后"酒店员工职业价值观安定免于焦虑维度的 16.9% 的变异量。建立的多元线性回归方程为："80 后""90 后"酒店员工职业价值观的安定免于焦虑维度 = 1.875+0.142×神经质人格特质+0.304×外向性人格特质+0.412×开放性人格特质+0.469×宜人性人格特质+0.451×责任感人格特质。

5　结论与建议

5.1　研究结论

第一，"80 后""90 后"酒店员工在职业价值观的七个维度中，对组织安全与经济、社会互动以及自我成长这三方面重视程度最高，而对安定免于焦虑这一方面重视度最低。

据统计分析显示，目前"80 后""90 后"酒店员工对职业价值观的七个维度均非常重视，平均值都在 3.7 以上；首先最受重视的为组织安全与经济和社会互动；其次为自我成长和尊严方面；再次为休闲健康与交通和自我实现方面；安定免于焦虑价值观虽然最不为酒店员工所重视，但其均值也达到 3.71。这一结果与本次研究群体所处的年龄段相关。

第二，主管领导行为对"80 后""90 后"酒店员工的职业价值观有显著的积极影响。

关怀型的领导行为主要与"80 后""90 后"酒店员工职业价值观七个维度中的社会互

动、组织安全与经济、安定免于焦虑、尊严、自我实现这五个维度呈显著正相关；规范型领导行为与"80后""90后"酒店员工职业价值观的七个维度均有显著正相关。

第三,人格特质对"80后""90后"酒店员工的职业价值观有显著的影响。

具有神经质(情绪稳定型)人格的酒店员工与职业价值观维度中的安定免于焦虑维度呈中度显著正相关,与休闲健康与交通呈低度显著负相关。具有外向性人格的酒店员工与尊严呈中度显著负向相关；与社会互动、安定免于焦虑、休闲健康与交通呈中度显著正相关。具有开放性人格的酒店员工与社会互动和组织安全与经济这两个维度呈低度显著正相关。具有宜人性人格的酒店员工与组织安全与经济、安定免于焦虑、自我实现等方面呈低度显著正相关,与尊严呈低度显著负相关。具有责任感人格的酒店员工与自我成长、尊严、社会互动、自我实现呈低度显著正相关,与休闲健康与交通呈低度显著负相关。

5.2 建议与措施

5.2.1 酒店员工个人应该树立正确的职业价值观

作为一名酒店员工,在职业选择时,首先应了解自身的能力以及自己的兴趣、爱好、人格特质,清楚地知道自身的优劣势。选择的职业既要能够发挥个人才能,又要满足自己的兴趣。要有利于追求自我价值和人生目标的实现,又要同时满足社会和国家的需要,为人类社会做贡献。

5.2.2 相关学校应该加强对学生职业价值观的教育

学校应开设职业生涯辅导课程,帮助学生进行职业生涯设计,将职业价值观的教育潜移默化地融入就业指导教学中去。既要鼓励学生对自我价值的追求,又要注意,不能矫枉过正。逐步引导学生将个人价值与社会价值统一,把自己的价值融入社会发展建设中,同时,学校应该提供多元化的教学活动,可多聘请酒店行业不同部门、不同职位或不同性别的酒店工作人员到学校做讲座、做访谈,让学生在就业之前就对该行业的情况有所认识,这将对日后在酒店的工作有很大的帮助。

5.2.3 酒店应为员工的职业价值观形成提供良好的环境

酒店可以从员工职业价值观角度,完善培训制度,重视员工的职业价值观发展。在员工培训时,应在社会互动、自我成长、尊严、自我实现、组织安全与经济等方面对酒店员工进行引导,使他们有正确的职业价值观取向。同时,根据主管领导行为,作为酒店的主管,可以采取高规范、高关怀型的领导方式,既有利于酒店员工正确职业价值观的形成,又能提高酒店员工的工作积极性和满意度。

5.3 研究展望

第一，由于本次研究时间、人力、物力以及财力比较有限，所以只选取了北京市的六家高星级酒店的"80后""90后"酒店员工作为研究对象，未来，研究可扩大到全国的高星级酒店，并可以对不同的省份地区进行分析、比较，来了解不同省份地区的"80后""90后"酒店员工在职业价值观结构上所存在的异同点，并且探讨主管领导行为和人格特质对不同地区"80后""90后"酒店员工的影响是否有差异，并探寻其原因。

第二，本次研究只选取了影响"80后""90后"酒店员工职业价值观的感知层面的因素——主管领导行为和个体层面的因素——人格特质这两个因素来研究影响酒店员工职业价值观的影响因素，未来可以从多角度展开研究与探讨，例如：教育背景、父母教育程度、社会支持等。这些因素作为影响职业价值观的其他因素均有很大的研究价值，因此能够使"80后""90后"酒店员工职业价值观的研究变得更为丰富且系统化。

第三，有条件的话还可以对一部分酒店员工做纵向研究，观察其影响职业价值观变化的因素，并进一步深入了解职业价值观改变的原因。

参考文献

[1] Super D E. Manual for the work values inventory[M]. New York: Houghton Mifflin, 1970.

[2] Locke E A & Henne D. Work motivation theories[J]. International Review of Industrial and Organizational Psychology, 1986,71(1):34-35.

[3] Elizur Dov.Gender and work values: A comparative analysis[J]. Journal of Social Psychology,1994,134(2):201-212.

[4] Schwartz S H, Bilsky W. Toward a theory of the universal content and structure of values: Extensions and cross-cultural replications[J]. Journal of Personality and Social Psychology,1990, 58(1): 878-891.

[5] Gu H, Kavanaugh R R, Yu C, etc. Human resources management in China's hotel industry[J].China Tourism Research,2006,2(3):226-245.

[6] Haiyan Kong, Catherine Cheung, Haiyan Song. Hotel career management in China: Developing a measurement scale[J].International Journal of Hospitality Management,2011(30):112-118.

[7] Henderson G H. Dimensions of Life[M].Cincinnatti:South-Western,1985.

[8] Berings D, De Fruyt F & Bouwen R. Work values and personality traits as predictors of enterprising and social vocational interests[J]. Personality and Individual Differences,2004(36):349-364.

[9] Ros Maria, Schwartz et al. Basic individual values, and the meaning of work[J]. Applied Psychology: An

International Review, 1999.

[10] Elizur D. Facets of work values: A structural analysis of work outcomes[J]. Journal of Applied Psychology, 1985.

[11] 黄希庭.人格心理学[M].杭州:浙江教育出版社,2002.

[12] 徐西森.团体动力与团体辅导[M].广州:广东世界图书出版公司,2003.

[13] 吴铁雄,李坤崇,刘佑星,欧慧敏.职业价值观量表之编制初步报告[R].中国测验学会测验年刊,1995:227-244.

[14] 余华,黄希庭.大学生与内地企业员工职业价值观的比较研究[J].心理科学,2000(6):739-740.

[15] 宁维卫.中国城市青年职业价值观研究[J].成都大学学报(社会科学版),1996(4):10-12.

[16] 凌文辁,张治灿,方俐洛.影响组织承诺的因素探讨[J].心理学报,2001,33(3):259-263.

[17] 王浩.大学毕业班学生职业价值观研究[C].第十届全国心理学学术大会论文摘要62集,2005:45-46.

[18] 张昀.高校学生职业价值观结构、测验编制[D].南昌:江西师范大学,2008.

[19] 刘海.大学生人格特质,成就动机与职业价值观的关系研究[D].成都:四川师范大学,2012.

[20] 张进辅.青少年价值观特点的构想与分析[M].北京:新华出版社,2006.

[21] 孙宏.服务业领导者行为与员工满意度关系研究[J].重庆大学学报,2007.

[22] 路洛.主管领导行为与员工工作表现之关联[J].心理学进展,2011.

[23] 张建新.大五人格量表中文版[M].中国科学院心理研究所,2002.

[24] 凌文辁,陈龙,王登.企业领导行为评价调查量表[M].中国科学院心理研究所,1987.

[25] 陈红雷,周帆.工作价值观结构研究的进展和趋势[J].心理科学新进展,2003.

[26] 马剑虹,悦陈明.企业职工的工作价值观特征分析[J].应用心理学,1998.

[27] 金盛华,李雪.大学生职业价值观:手段与目的[J].心理学报,2005.

[28] 凌文辁,方俐洛,白利刚.我国大学生的职业价值观研究[J].心理学报,1999.

[29] 黄希庭,张进辅,李红.当代中国青年价值观与教育[M].成都:四川教育出版社,1994.

论文四

自媒体对旅游者信息搜索行为的影响研究

(编者语:论文通过问卷调查方法获得一手数据,探索分析了自媒体对旅游消费者信息搜索行为的影响,并提出相应的管理启示和建议。论文论点明确,论据可靠,对事物有一定的分析能力和概括能力,能运用所学理论和知识阐述有关问题。论文结构合理,符合逻辑,文章层次分明,语言通顺、准确,达到规范化要求。)

指导教师:张超

作　　者:李幸

专　　业:酒店管理

完成时间:2016 年 4 月 7 日

内容摘要

近年来,我国旅游经济整体上保持着稳定持续的发展态势,旅游市场有了进一步的扩大与发展。同时,旅游消费者作为旅游产业中不可或缺的一个群体,他们的消费需求发生了变化,且呈现出多样化的态势:许多旅游消费者希望摆脱传统的旅行社主导的旅游模式,更倾向于亲自规划旅游行程;旅游消费者更希望通过多种渠道获得旅游目的地的各类信息,从中找到自己的关注点与兴趣点;旅游消费者对旅行的独特性有了更高的需求,他们希望通过一个公众化的平台与他人交流自己在旅行中的经历体验,在得到赞赏与认可的同时能够帮助他人。很明显,传统的旅游信息传播媒介已经无法满足消费者的需求。但是,在 Web2.0 技术革新的推动下,自媒体的出现与普及恰好适应了他们的需求变化。随着在线旅游业的出现和发展,网络与自媒体已成为旅游者搜索并获取旅游相关信息、与他人交流旅游经历与体验的重要途径,也深刻改变了旅游消费者信息搜索行为的习惯。

本文通过收集和阅读国内外相关文献,了解自媒体、信息搜索行为的概念界定与消费者购买决策、旅游决策的理论模型,从中总结出信息搜索行为在决策过程中的重要性。同时,积极借鉴并学习先行研究在消费者购买决策过程中对信息搜索这一环节提出的影响因素,为本文提供一定的理论基础,进而形成本文的研究思路。通过问卷调查法收集消费者对自媒体在其搜索旅游信息行为中的影响的看法,运用SPSS19.0软件对调查结果进行信度分析、效度分析和相关分析,结合描述性分析具体阐述对旅游消费者而言,自媒体及其信息从接入程度、信息质量、搜索成本、信任程度以及感知收益五个维度影响消费者信息搜索行为,并总结出当前自媒体平台及信息存在的问题与现状,得出研究结论与启示,最后回顾研究,总结不足之处。

关键词:自媒体;旅游消费者;信息搜索行为;影响因素

Abstract

With the stable development of China's tourism economy, we have witnessed a further expansion of our tourism market. As an indispensable part of this market, tourism consumers have changed a lot in what they want and what they need, especially in terms of information-searching process. Obviously, traditional media used in tourism industry no longer fits these changing needs. Nevertheless, the technological revolution of Web2.0 has brought We Media on the stage. We Media has perfectly met the need of those tourism consumers and has provided them with an important method to search for information and share with each other, changing their habit of information searching behavior.

In the literature review part, a general understanding of the definition of We Media, information-searching behavior as well as the theoretical model of consumer purchasing decision and tourist decision has formed. The importance of information-searching behavior is emphasized in this part. Meanwhile, the factors posing influence on information-searching behavior put forward by previous studies have helped to provide theoretical basis and shape the structure for this paper. A questionnaire was designed to get an idea of what the consumers are thinking about the influence of We Media in their information-searching behavior. SPSS19.0 software was used to analyse all the collected data. This paper demonstrates the fact that We Media can influence consumers' information-searching behavior in five dimensions: accessibility, information quality, searching costs, degree of confidence and perceived benefits. The last part of this paper gives a review on the methods and results of this study and put forward some practical suggestions.

Key Words: We Media; Tourism consumer; Information searching; Factors

1 绪论

1.1 选题背景

1.1.1 中国旅游经济的持续发展

随着我国经济水平不断提高,国民生活水平也迈入了初步小康的新阶段,越来越多的人在满足物质生活需要的同时,有了更高的精神生活追求。现代生活节奏逐渐加快,旅游作为一种放松身心、愉悦心性的休闲方式正吸引着越来越多"有闲有钱"的消费者为其买单,从而进一步刺激了我国庞大的旅游市场的发展。世界旅游组织预计,我国将在2020年成为世界第一大旅游目的地国和第四大旅游客源输出国(世界旅游组织,2000)。根据2015年全国旅游工作会议发布的数据,2014年国内旅游人数达36亿人次,同比增长10%,全年旅游总收入约为3.25万亿元,同比增长11%(李金早,2015)。宏观上而言,我国旅游产业经济对国民经济总量的贡献份额是引人瞩目的,作为第三产业的一部分,旅游业的蓬勃发展也成为我国产业结构转型升级的一个映像。

1.1.2 我国旅游消费需求的多样化

旅游消费者是旅游产业中不可或缺的一个群体,在我国旅游市场整体迅速发展的阶段,这一群体的消费需求在近几年呈现出多样化的态势。第一,旅游消费者不再满足于以往单方面从旅行社获取信息、由旅行社统一规划行程安排并收取费用的"半强制性"旅游模式,他们更希望在宝贵的休假时间里用一种轻松、自由的方式进行旅游,而达到这一理想状态的途径之一便是亲自规划旅游行程。第二,旅游消费者对深度体验旅游目的地的需求愈加明显,旅行的意义不再是"到此一游"式的走马观花和表情僵硬的合影留念,而是在旅行中回归自我。消费者更希望通过多种渠道获得旅游目的地的各类信息,从中找到自己的关注点与兴趣点,进而在旅游过程中更有针对性地体验当地生活。第三,旅游消费者对旅行的独特性有了更高的需求,一些消费者希望自己的品位能够得到他人的赞赏与认同,而对这一部分消费者来说,在旅行中将自己的经历与体验等信息通过一个公众化的平台与他人交流,这一过程也是旅游所带给他们的精神收获。值得注意的是,这些新兴的旅游消费者需求意识的变化在传统旅游媒介中已很难得到适应。

1.1.3 自媒体的普及对旅游业产生全方面的影响

自 20 世纪 90 年代以来,互联网的诞生与蓬勃发展宣告着媒介传播进入了一个崭新的时代。随着我国经济水平的稳定增长以及数字通信技术的不断更新,电脑、手机等个人移动终端的使用已然普及到了千家万户。CNNIC 于 2015 年 6 月发布的第 36 次中国互联网统计报告显示,中国网民总规模已达 6.68 亿,互联网普及率达 48.8%,其中手机网民规模达到了 5.94 亿,手机网民占整体网民比例已上升到 88.9%。与此同时,在 Web2.0 技术革新的推动下,博客、播客、SNS 社交网站、微博、微信等一系列网络媒介依托个人移动终端走进了我们每一个人的生活中。

自媒体的普及推动了在线旅游业的出现与发展,网络与自媒体已经成为旅游消费者搜索并获取旅游相关信息、进行旅游产品与服务预订、对旅游产品及服务做出评价与反馈的重要途径。2012 年的《中国休闲旅游客户需求趋势研究报告》指出,已有四成以上的国内游客采用诸如微博、微信、论坛等形式的自媒体获取出游信息,入境、出境游客采用网络自媒体的比重更高,分别达六成和五成以上。自媒体作为一种被越来越多的人广泛使用的信息交互平台,连接着旅游消费者与旅游产品服务提供者,它改变了传统旅游业的信息传播方式,也改变了旅游消费者信息搜索行为的习惯。

1.2 研究意义

1.2.1 理论意义

消费者购买决策过程及影响因素一直以来是许多研究关注的重点,本文则着眼于旅游消费者购买决策过程中的信息搜索环节,结合当下自媒体时代的大背景,通过文献分析法梳理并总结先行研究在消费者决策过程、旅游决策过程及其影响因素等领域的研究成果,借鉴 Kotler 和 Kelle(2006)提出的消费者购买决策五阶段模型以及郭克锋(2009)提出的旅游决策四阶段过程模型,通过实证分析方法来研究自媒体对旅游者信息搜索行为产生的影响,并着重探究其影响因素。

1.2.2 实践意义

第一,本文的研究有利于旅游媒介与旅游企业从传统的信息传播与营销模式向现代自媒体营销方式转变。自媒体平台受众广泛,信息获取方便快捷,有着极强的交互性功能,它正越来越深入地渗透进普通消费者的日常生活中。对旅游消费者这一群体而言,自媒体的出现恰好适应了他们的需求变化。因此,自媒体不断冲击着传统旅游业的信息传播方式,改变着传统的营销理念,旅游企业自媒体化也将成为一种不可逆转的发展趋势。

第二，本文通过研究总结出了自媒体对旅游者信息搜索行为的影响因素，强调了信息搜索行为在消费者购买决策中的作用，这有利于旅游企业重视消费者主动进行的信息搜索行为，帮助旅游营销的实践者进一步了解何种特性的自媒体信息能吸引消费者进行搜索行为，从而更好地管理自媒体平台信息（如提升信息源可靠程度、将信息进行有效分类管理等），尽可能放大自媒体平台对消费者信息搜索的积极影响，最终促进旅游消费者做出购买决策。

1.3 研究目标

自媒体时代下，旅游业营销模式的转变势在必行，信息交互是开展一切营销的基本手段，而如何进行有效的信息管理与传播以刺激消费者产生主动信息搜索行为则是关系到引导消费者产生最终购买决策的重点问题。本文旨在通过归纳总结、调查分析来阐述自媒体在旅游者进行信息搜索行为中的作用，结合自媒体平台及其信息的特征，探究自媒体对旅游者信息搜索行为的影响因素。

1.4 研究思路

1.4.1 研究方法

本文主要采用文献分析法与实证研究中的问卷调查分析法进行研究。通过文献分析法，了解自媒体概念界定与消费者购买决策的理论模型，梳理先行研究消费者购买决策行为中提出的影响因素，积极借鉴并学习，为本文提供一定的理论基础，进而形成本文的研究思路；通过问卷调查法收集消费者对自媒体在其搜索旅游信息行为中的影响的看法，通过数据分析了解对普遍旅游消费者而言，自媒体及其信息从哪几个方面影响消费者信息搜索行为，从而总结得出结论并提出建议。

1.4.2 研究框架

本研究以自媒体对旅游者信息搜索行为的影响作为主要研究对象，通过收集和阅读国内外相关文献了解相关概念界定与理论基础，在批判吸收的基础上形成研究思路与研究设计。通过问卷调查的方式获得第一手数据，在此基础上运用SPSS19.0软件进行数据统计分析，结合描述性分析具体阐述消费者接入程度、自媒体信息质量、搜索成本、消费者对自媒体信任程度及感知收益对信息搜索行为的影响，得出研究结论与启示，最后总结本研究的局限性（见图1.1）。

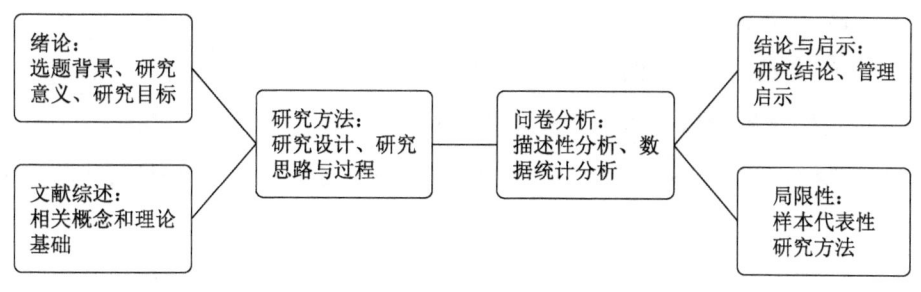

图1.1 研究框架

1.5 创新之处

过往关于旅游消费者购买决策的研究大部分都是从消费者行为、消费者心理学等角度探究消费者购买决策的影响因素。信息搜索行为是消费者购买决策过程中的一个重要环节,然而先行研究中较少单独关注这一环节的影响因素。本文则在结合自媒体时代背景下,将自媒体及信息特性与消费者的信息搜索行为联系起来,通过实证研究方法分析自媒体对旅游者信息搜索行为的影响。

2 文献综述

2.1 自媒体内涵及特征

2.1.1 自媒体定义

自媒体(We Media),又称参与型媒体、社会化媒体、合作性媒体和用户生成内容媒体,最早由美国学者丹·吉尔默(Dan Gillmor)于2002年提出。他在2003年1月发表的论文 *News for the Next Generation:Here Comes We Media* 中阐释了自媒体的概念、作用和前景,并指出自媒体将是未来的主流媒体。2003年7月,美国学者谢因·伯曼(Shayne Bowman)与克里斯·威利斯(Chris Willis)共同发表了报告 *We Media—How audience are shaping the future of news and information*。他们将"We Media"定义为:"普通大众通过数字科技与全球知识体系相联系,然后与他人分享新闻以及身边事件的途径。"

高婷(2010)认为自媒体是相对于传统媒体提出来的概念,传统媒体包括报纸、广播、电视等,这些媒体创办时有严格的审查制度、播出制作制度,而且传统媒体从业者需要取得相关专业资格。张弥弭(2014)总结了目前网络自媒体的形式,包括博客、播客、SNS社交网站、微博、微信、论坛、第三方评论网站等。

2.1.2 自媒体特征

高婷(2010)总结出自媒体的五个特征:第一,平民化与个性化。每个平民都可以拥有自己的博客、网络空间,在论坛共享经验和信息。人们自主地在自媒体上表达观点,建构自己的网络社区。第二,传播迅速,互动性强。自媒体摆脱了时间和空间的限制,比传统大众媒体信息传播更加迅速,同时,受众也可以迅速地对信息传播的效果进行反馈和互动。第三,运作简单,门槛低。随着当前电脑、手机等移动终端的普及,互联网环境使得自媒体有了快速的发展,用户在自媒体平台上只需要通过简单的注册申请就可以在网络上发布文字、音乐、图片和视频等信息。第四,承载信息参差不齐,可信度不高。网络的隐匿性给了使用者随心所欲的空间,这就造成信息的良莠不齐,一些虚假信息也有了传播的土壤。第五,相关法律不完善。目前已有很多法令管制网上活动,但都还只是停留在对网站的管理上。如何在法律上对自媒体进行规范引导,迫切需要全社会来共谋良策。

2.2 消费者购买决策过程相关研究

2.2.1 消费者决策过程

消费者购买决策行为并不是在为产品或服务买单那一刻所产生的,而是一个经过思考和权衡的过程。20 世纪中期以来,许多学者通过研究消费者购买决策行为建立了一系列理论模型。Nicosia(1966)认为消费者决策主要由四部分组成:第一部分是从信息发布到消费者态度;第二部分是调查评价;第三部分是购买行为;第四部分是信息反馈。Howard 和 Sheth(1974)的理论模型则从四个角度考虑了消费者购买行为,分别是输入变量、外在变量、内在过程以及结果变量。输入变量和外在变量引发消费者的购买动机,并对内在变量产生影响,因此消费者会产生一系列的反应,最终得出产出变量,即购买结果。Kotler 和 Kelle(2006)提出了消费者购买决策五阶段模型,按时间顺序划分决策过程,其内容如图 2.1 所示:

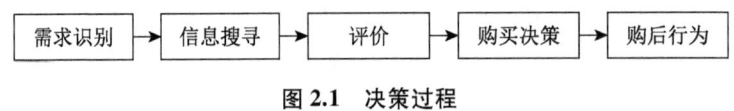

图 2.1　决策过程

本文将借鉴这一消费者购买决策五阶段模型,在此基础上着重探究信息搜索(也就是第二个环节)的重要性,研究自媒体对信息搜索这一环节的影响因素。

2.2.2 消费者旅游决策过程

旅游决策是一个从内在心理活动到外在行为的连续过程。对消费者进行旅游决策过程的研究,学者们都有自己的看法。汪安圣(1987)将决策过程分为六步:觉察问题和机遇、确定决策目标、分析备选行动方案及可能带来的结果、选择特定的方案、实施决策及提供反馈。

甘朝有(1995)在此基础上进一步指出,旅游购买决策过程包括五个步骤:识别问题或需要、寻找信息、做出决定、消费旅游产品和服务、购后感受和评价。郭克锋(2009)认为,旅游决策分为四个阶段:产生旅游动机、信息搜集与分析、最终决策和游后评价。高婷(2010)总结出旅游消费者的整个决策过程一般分为旅游需求认知、信息搜集、旅游方案评估与选择、做出决策和旅游后的评价反馈五个阶段。

2.3 消费者信息搜索行为相关研究

2.3.1 信息行为与信息搜索行为

关于信息行为,学者胡昌平(2001)提出,信息行为是主体为了支配特定的信息需求,在外部作用的刺激下表现出来的获取、搜寻、交流、传播、利用信息的行为。Wilson(1981)指出,信息搜寻行为是指主体为满足某种需要而激活记忆力所存储的知识或在周围环境中有目的地搜寻信息的过程。

2.3.2 购买决策中的信息搜索行为

消费者在进行购买决策时,会思考究竟使用何种方法来获取所需信息进而做出购买决策。高婷(2010)认为,此类信息可以分为内部信息和外部信息两种。内部信息来自于个人经验、回忆或是过往的购买经历。一旦消费者认识到某种需求或某个问题,就会在其长期记忆的相关信息中寻找是否存在令人满意的可选择的办法,这称为内部信息搜索,这些内部信息可能是过去某次信息搜索时主动获得的,或是被动地通过低度介入的学习而获得的。外部信息则是通过消费者之间的相互介绍、商品促销、政府数据库或者对商品的直接接触来获得。随着自媒体的广泛普及,消费者利用互联网从广泛散布在各处的庞杂信息中搜寻所需的外部信息,这已经成为消费者进行购买决策时必须考虑的一个方面。

2.4 旅游信息搜索行为相关研究

2.4.1 旅游信息搜索定义及必要性

当旅游者(旅游消费者)意识到自己的旅游需求时,会设法通过多种渠道来搜索多方面的信息,来了解关于旅游目的地的基本情况。Fodness 和 Murray(1997)将旅游信息搜索定义为一个动态的过程,即"个人使用不同种类、不同数量的信息渠道为其旅游计划提供信息支持"。

关于旅游信息搜索的必要性,国外许多学者在各自的研究中给予了认同。Jenkins(1978)认为旅游者要想对旅行方式、吸引物、活动和食宿做出正确选择,必须从内部和外部信息渠道获取信息。Bettman(1979)进一步指出,旅游者进行信息搜索的目的,是为了降低旅行决策的风险和不确定性。Schertler(1995)认识到旅游业与其他行业之间存在一些结构性差异,即无形性、不可转移性、生产与消费同时性。因此旅游者的信息处理过程不同于其他产品消费者,他们求助的信息渠道相对更多,所获取的信息种类也更繁杂。正是基于旅游产品与服务的特性,以及当前旅游消费者多样化的需求,信息搜索这一环节的重要性不言而喻。

2.4.2 旅游消费者信息搜索行为的影响因素

讨论旅游消费者信息搜索行为影响因素,就必须要将这一行为放到特定的旅游决策过程中去考虑,郭克锋(2009)提出的旅游决策过程模型较为完整地阐释了旅游动机、搜集与分析、最终决策及游后评价这四个决策阶段以及影响它们的种种因素。在这一旅游决策过程模型中,(信息的)搜集与分析环节的影响因素有:信息成本、信息技术、信息来源、游后评价。本文也将借鉴这一旅游决策模型中信息搜索行为的影响因素,在结合自媒体平台及其信息的特征的基础上总结出影响旅游消费者信息搜索行为的因素(见图2.2)。

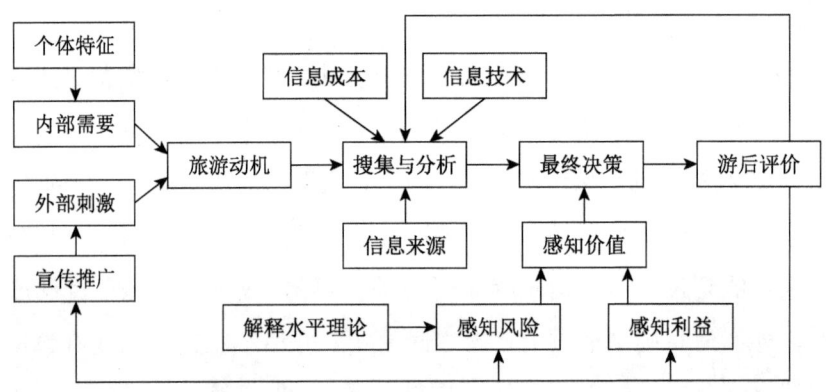

图 2.2 旅游决策过程模型图(郭克锋,2009)

3 研究方法

3.1 文献分析法

3.1.1 文献分析法定义

文献分析法主要指搜集、鉴别、整理文献,并通过对文献的研究,形成对事实科学认识的方法。文献分析法是一种经济且有效的信息收集方法,它通过对与研究相关的现有文献进行系统性的分析来获取一定的研究信息。

3.1.2 研究方法运用

通过CNKI数据库（中国知网）以关键词搜索的方式收集并阅读国内外相关文献,理解先行研究在分析消费者购买决策行为、旅游购买决策行为中的影响因素,结合先行研究对自媒体的概念界定、形式及特征的总结,对文献进行归纳、分类、吸收、借鉴,进而提出本文的研究重点,即自媒体对旅游者信息搜索行为的影响。在积极借鉴学习的同时,努力寻找研究的突破口,以大量文献等先行研究成果作为本文研究的理论和实证基础。

3.2 问卷调查法

3.2.1 运用原因及过程

选择该研究方法的原因有如下两点:第一,经过对不同实证研究方法的比较,问卷调查能够收集到可信度较高的第一手数据资料,并且在保证调查对象的代表性以及一定的样本容量(如回收200份以上有效问卷)的情况下,通过分析数据得出的结论能够从一定程度上说明问题;第二,本研究所要探究的问题与广大消费者的日常生活密切相关,获得消费者对此研究问题的看法及态度是进行进一步研究总结的关键。因此,本研究最终采取问卷调查的方法来了解自媒体使用者、旅游消费者对这一问题的看法以及他们对本研究提出的不同影响因素的认同程度。

本研究所用问卷首先是进行初步设计,然后少量实地发放问卷,通过与这一部分被调查者进行交谈,及时发现问卷所设置的问题是否存在片面、有歧义等不足;接下来对问卷存在的问题进行修改,形成问卷的最终版本,通过问卷星(www.sojump.com)网站进行发布,选取并获得研究样本;最后回收并筛选出有效问卷,结合SPSS19.0软件对回收的数据进行分析。本次调查时间为2016年1月25日至3月25日,历时两个月。

3.2.2 研究思路及研究框架

经过文献分析这一过程,本研究确定了主要解决的问题,也就是自媒体究竟对旅游消费者信息搜索行为产生何种影响,以及产生这种影响的因素有哪些。同时,根据调查结果分析目前消费者对自媒体平台及信息的认知。

本研究提出的自媒体对旅游者信息搜索行为的五个影响因素是经过文献分析,借鉴并参考关于旅游决策及信息搜索过程的先行研究提出的影响因素,在此基础上结合笔者对自媒体使用者信息搜索行为的思考进一步提炼而最终形成的。根据郭克锋在2009年提出的旅游决策四阶段过程模型(见图3.1),即旅游动机、搜集与分析、最终决策及游后评价这四个阶段及各自影响因素与关系的模型,提炼出问卷所要涉及的自媒体对旅游者信息搜索行为的四个基本的影响因素:信息成本、信息技术、信息来源、游后评价;在此基础上,根据汪永华

(2005)提出的消费者使用网络进行信息搜索,这一过程不仅受到搜索成本和个体特征等有关因素的影响,还受到信息的质量、易获得性和消费者自身能力的影响,这一观点,提炼出搜索成本、信息质量、易获得性这三个影响因素。通过对这二者研究得出的影响因素的比较与分析,将以上七个因素合并、提炼为四个本研究所采用的影响因素。比较与分析的过程如图3.1所示:

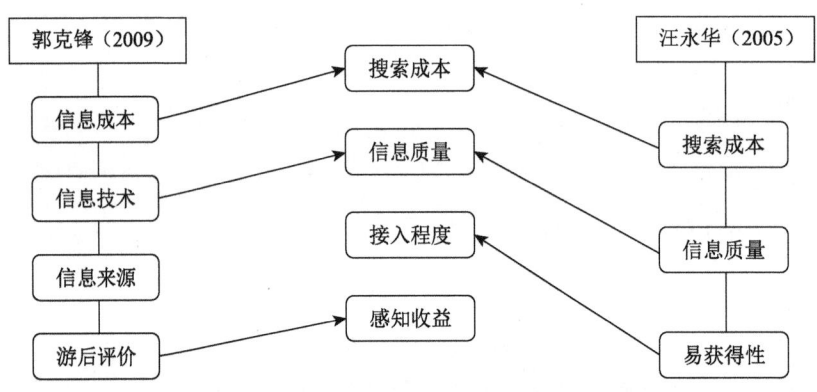

图3.1 对郭、汪二者提出的影响因素的比较分析与提炼过程

最后,结合对目前自媒体平台使用现状的观察与思考,本研究提出第五个影响因素,即信任程度。最终形成了问卷主体部分所涉及的自媒体对旅游者信息搜索行为的五个影响因素,也就是本研究主体部分的研究框架(如图3.2所示)。

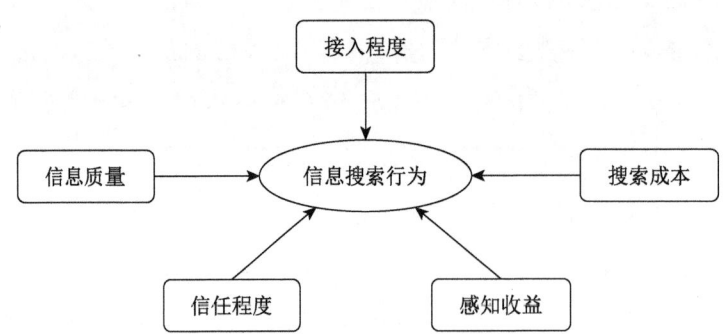

图3.2 问卷设计中自媒体对旅游者信息搜索行为的影响因素

3.2.3 问卷结构

本问卷调查包括三个部分:

第一部分,排除筛选项的设置,通过设置一定的筛选条件,有利于回收更合格更高质量的问卷样本,使该研究得出的数据及分析更具有说服力。

第二部分,针对研究的消费者对自媒体平台的接入程度、自媒体信息质量、信息搜索成本、消费者对自媒体信息的信任程度、自媒体为消费者带来预期的感知收益这五个因素,以及自媒体对旅游者信息搜索行为的影响分别设置问项,采用 Likert 量表五点计分法进行样本调查。

第三部分,调查对象基本信息,包括性别、年龄、学历、职业、年旅游费用。

4 问卷分析

4.1 样本基本信息

4.1.1 样本回收情况

本次调查问卷通过网络和实地发放,回收填写的问卷 258 份,从中筛选出合格的问卷 225 份,合格率为 87.2%。合格问卷的筛选标准第一是填写真实完整,第二是填写时长要在 85 秒以上。经过严格挑选后的合格问卷保证了本研究的科学性和真实性,也保证了数据的代表性。

4.1.2 样本基本特征描述

通过统计分析,得到本研究样本的人口统计分布状况,如表 4.1 所示。

表 4.1 研究样本的人口特征变量统计表

特征变量	类型	样本数	百分比(%)
性别	男	92	40.89
	女	133	59.11
年龄	20 岁及以下	7	3.11
	21~32 岁	126	56
	33~45 岁	55	24.44
	46~59 岁	36	16
	60 岁以上	1	0.44
学历	高中及以下	14	6.22
	大学专科	42	18.67
	大学本科	145	64.44
	硕士及以上	24	10.67

续表

特征变量	类型	样本数	百分比(%)
职业	在校学生	103	45.77
	公司普通员工	69	30.67
	公司管理者	11	4.89
	机关事业单位工作人员	35	15.56
	其他	7	3.11
年旅游费用	900 元及以下	20	8.89
	901~1500 元	75	33.33
	1501~3000 元	113	50.22
	3000 元及以上	17	7.56

从表 4.1 可以看出,本次调查对象具有以下特征:

(1) 性别

在筛选后的有效问卷中,男性调查对象占 40.89%,女性调查对象占 59.11%。女性人数多于男性,但总体来说,男女比例比较均衡。

(2) 年龄

本研究的调查对象是自媒体使用者以及旅游消费者。可以看到,本次调查中 21~32 岁的样本数最多,占到了总人数的 56%;其次是 33~45 岁的人群,其人数占到了 24.44%;46~59 岁的样本数占总人数的 16%;20 岁以下和 60 岁以上这两个年龄段的样本人数较少。总体上来说,本次调查对象主要集中在 21~59 岁的中青年人群,而他们正是自媒体使用者及旅游消费者的主要群体。因此,此次调查参与者在各年龄阶段的分布比较具有代表性。

(3) 学历

在调查样本中被调查者以大学本科学历居多,其比例达到了 64.44%,硕士及以上学历样本数的比例为 10.67%,大学专科人数为 42 人,也占到了 18.67% 的比例。高中及以下学历的样本数占有比例相对较少。因此,整个调查样本的学历水平高,这也说明了他们是网络自媒体的主要力量。

(4) 职业

参与本次调查的人员中,在校学生人数为 103 人,占到了总样本数的 45.77%,公司普通员工、机关事业单位工作人员所占比例分别为 30.67% 和 15.56%,公司管理者所占比例为 4.89%。这些群体是网络自媒体的主要使用者,同时,他们拥有一定的可支配收入与闲暇时间,因此也是主要的旅游消费者。

(5) 年旅游费用

年旅游费用能够从一定程度上反映消费者的旅游需求。本次调查中,年旅游费用在 1501~3000 元和 3000 元及以上的样本总数占总人数的比例达到了 57.78%,而年旅游费用在 900 元及以下的样本人数仅占总人数的 8.89%。可见被调查对象每年在旅游方面的消费是相当可观的。这体现了当前消费者存在较强的旅游需求,而正是有了这样的需求,他们会主动地进行旅游信息的搜索行为。

4.2 数据统计及分析

问卷主体测量部分(第二部分)采用五级 Likert 量表,按五点计分,分析前对所有数据均调整为正向计分。对回收的数据采用 SPSS19.0 软件进行信度分析、效度分析以及相关分析。现将全体样本各个变量问项的平均值及标准差列于表 4.2 中,以便对每个变量所包含的各个问项及其数据有更详细的了解。

表 4.2 本研究各变量问项的均值和标准差

因素	问项内容	均值	标准差
接入程度	Q1 我经常使用微博、微信等自媒体	4.57	.894
	Q2 我经常打开微博、微信等自媒体平台浏览各类信息	4.63	.781
	Q3 我会在旅游前,通过自媒体平台浏览相关信息	4.40	.963
信息质量	Q4 自媒体上的旅游游记、日志及图片等信息直观生动,所反映的旅游经历和体验是令人向往的	4.12	.909
	Q5 自媒体平台上关于旅游所需的吃、住、游、购等方面的信息是详细而实用的	3.88	.956
	Q6 自媒体平台上关于旅游的信息具有很强的时效性,我更愿意通过自媒体来搜索最新的信息	3.96	.913
搜索成本	Q7 自媒体的使用十分便利,而且成本很低,因此我会选择通过自媒体平台搜索旅游信息	4.24	.888
	Q8 我总能很轻松地在自媒体平台上搜索到想了解的旅游信息,它能帮我节省很多时间和精力	4.23	.926

续表

因素	问项内容	均值	标准差
信任程度	Q9 我相信自媒体平台上的旅游信息是真实的,不存在恶意欺骗	3.24	1.125
	Q10 我相信自媒体用户上传关于旅游的各方面信息是为了方便其他用户搜索并获取这些信息	3.78	.961
	Q11 我相信自媒体平台上大部分的旅游信息是准确的	3.71	.887
感知收益	Q12 通过自媒体搜索旅游信息,我认为我预期的旅行将会更有收获	3.94	.879
	Q13 自媒体平台上的旅游风景照片、视频和游记等给我的感受是愉悦的	4.24	.795
对信息搜索行为的影响	Q14 网络自媒体平台的出现让我有了更好的信息搜索的途径	4.26	.864
	Q15 自媒体对我来说是不可或缺的信息搜索平台,它对我收集旅游信息有很大的影响	4.03	.970
	Q16 我能够通过自媒体平台搜索到许多实用的旅游信息,我今后仍愿意在自媒体平台上进行信息搜索	4.20	.875

4.2.1 信度分析

信度是测量的可靠性,是指测量结果的一致性或稳定性。在对问卷进行数据分析之前,必须考察其信度以确保测量的质量。常用的方法有折半信度和 Cronbach's α 系数两种,本研究以 Cronbach's α 系数来检测问卷题目的信度,得到的 α 系数越高,则代表其检测的因子内部一致性越大,信度越高。一般认为,被测量的可靠性系数在 0.6~0.85 就已经足够了(Widaman,1993),而测量变量的 Cronbach's α 值在 0.7~0.8 就到达相当好的可接受水平(米子川,2002)。表 4.3 即为各变量的信度分析。

表 4.3 各变量的信度分析

变量名称	问项数	Cronbach's α 值
接入程度	3	.675
信息质量	3	.853
搜索成本	2	.870
信任程度	3	.834
感知收益	2	.816
对信息搜索行为的影响	3	.898

通过表 4.3 的结果可以看出,样本所取数据中,各变量的可靠性系数全都在 0.65 以上,接入程度的 Cronbach's α 值为 0.675,相对较低,除此之外其他变量的 Cronbach's α 值都在 0.8 以上,具有非常好的信度。

4.2.2 效度分析

效度即测量的正确性,指测验或其他测量工具确实能够测得其所要测量的概念的程度。测量的效度越高,表示测量的结果越能呈现出其所要测量内容的真实特征。效度分很多种,本研究运用 SPSS19.0 软件中 KMO 和 Barlett 的球形度检验,这是一种较为常见而简单的效度检验,即使用 KMO 值来表示效度。如果 KMO 值大于 0.8,说明效度非常高;KMO 值大于 0.7,说明效度较好;KMO 值大于 0.6 说明效度可以接受。表 4.4 呈现的是各变量的整体信度分析。

表 4.4　KMO 和 Bartlett 的检验

取样足够度的 Kaiser-Meyer-Olkin 度量		.904
Bartlett 的球形度检验	近似卡方	2413.024
	Df	120
	Sig.	.000

通过表 4.4 的结果可以看出,各变量整体 KMO 值为 0.904,说明效度非常高,也就是说,本研究样本的测量结果(分数)能够真实反映测量内容的真实特征。

4.2.3 相关分析

相关分析是研究现象之间是否存在某种依存关系,并对具有依存关系的现象探讨其相关方向以及相关程度,相关系数是描述两变量之间线性相关程度的定量指标。本研究采用 Pearson 简单相关分析方法探讨各变量之间的线性相关关系。表 4.5 即为各自变量(即影响因素)与信息搜索行为的相关关系。

表 4.5　各自变量与信息搜索行为的相关关系

		接入程度	信息质量	搜索成本	信任程度	感知收益	信息搜索行为
接入程度	Pearson 相关						
	Sig.						
信息质量	Pearson 相关	.470**					
	Sig.	.000					

续表

		接入程度	信息质量	搜索成本	信任程度	感知收益	信息搜索行为
搜索成本	Pearson 相关	.511**	.660**				
	Sig.	.000	.000				
信任程度	Pearson 相关	.246**	.592**	.463**			
	Sig.	.000	.000	.000			
感知收益	Pearson 相关	.413**	.645**	.633**	.613**		
	Sig.	.000	.000	.000	.000		
信息搜索行为	Pearson 相关	.497**	.628**	.656**	.578**	.769**	
	Sig.	.000	.000	.000	.000	.000	

注：**表示在.01水平（双侧）上显著相关。

从表4.5的输出结果可以看出，接入程度、信息质量、搜索成本、信任程度及感知收益对信息搜索在0.01的水平上显著相关，即旅游消费者对自媒体平台的接入程度、自媒体信息质量、信息搜索成本、自媒体平台和信息的信任程度以及感知收益对其信息搜索行为有着显著的影响。通常情况下，相关系数 r 的绝对值越大，相关性越强，相关系数越接近0，相关度越弱。同时，可以通过以下取值范围判断变量的相关强度。

表4.6　Pearson 相关系数与相关程度对应关系

相关系数绝对值值域	对应的相关强度
0.8~1.0	极强相关
0.6~0.8	强相关
0.4~0.6	中等程度相关
0.2~0.4	弱相关
0~0.2	极弱或无相关

通过表4.6分析不难发现，接入程度（r=0.497）、信任程度（r=0.578）这两个因素对信息搜索行为的影响呈中等强度相关关系，而信息质量（r=0.628）、搜索成本（r=0.656）与感知收益（r=0.769）这三个因素对信息搜索行为的影响则呈强相关关系。结合数据统计分析得到的变量间的相关关系，本研究将进一步分析被调查者对问卷中关于五个影响因素设置的具体问项的认同程度，探究各因素对信息搜索行为的影响现状。

4.3 各因素对信息搜索行为的影响分析

通过对研究样本数据的统计与分析得出，本研究所设计的问卷具有非常好的信度，且各变量整体的效度也非常高，这确保了数据所测量内容的可靠性与准确性。同时，经过对各变量的相关分析，五项自变量对信息搜索行为的影响都具有显著相关性。图4.1反映的是问卷中"自媒体对信息搜索的影响"这一维度所包括的三个问项的调查结果，即被调查者对这一影响是否呈正向的认同程度。

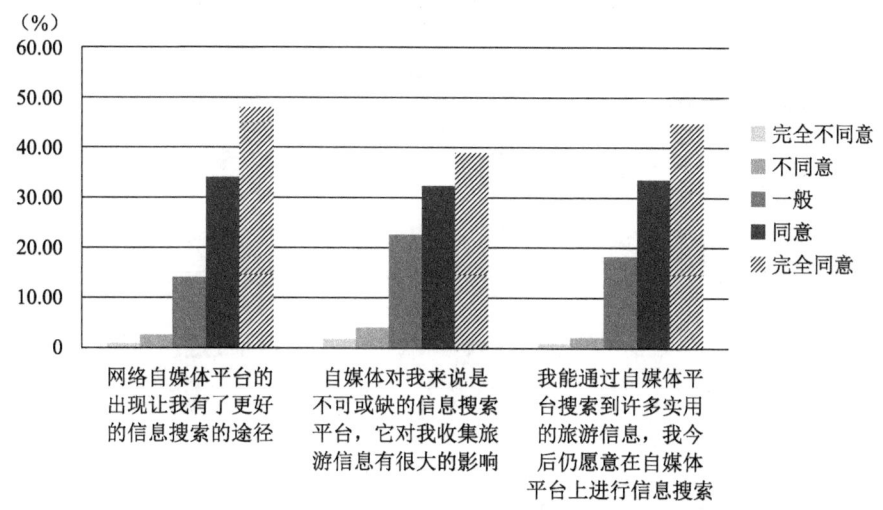

图4.1 自媒体对信息搜索行为的影响

由图4.1反映的信息可知，问卷中关于"自媒体对信息搜索行为的影响"所设置的三个问项所体现的影响方向均是正向的，即整体上自媒体对信息搜索行为产生了积极的影响。82.22%的被调查者对"自媒体平台的出现让我有了更好的信息搜索的途径"这一陈述持同意或完全同意的态度，71.55%的人对"自媒体对我来说是不可或缺的信息搜索平台"这一陈述表示同意或完全同意，78.67%的人同意或完全同意"我今后仍愿意在自媒体平台上进行信息搜索"这一陈述。同时，对这三个问项持不同意或完全不同意态度的人所占比例分别都少于6%。这些数据充分说明，对绝大部分的旅游者来说，自媒体这一平台对他们信息搜索途径及搜索行为产生了积极的影响。因此，得出自媒体对信息搜索行为产生正向影响这一结论，解决了本研究的第一个主要问题。

结合前文分析得出的不同变量的相关系数(也即相关强度)，可以得出五项因素对信息搜索行为产生不同相关程度的影响这一结论。接下来将通过被调查者对各个因素下各问项的认同程度来分析目前消费者对自媒体平台信息及各个因素的看法和认识，得出当前自媒体对旅游消费者信息搜索行为的影响现状。

4.3.1 接入程度对旅游消费者信息搜索行为的影响分析

接入程度是本研究提出的一个定义,指消费者对自媒体平台的接触及使用频率。

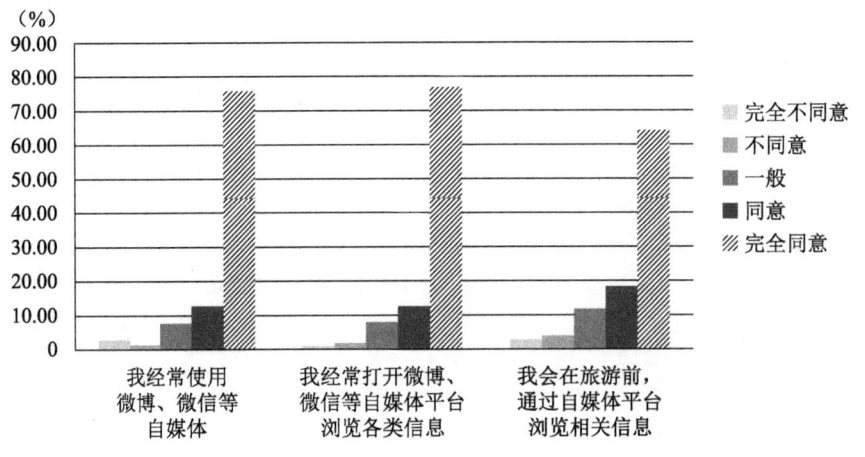

图 4.2 接入程度对旅游消费者信息搜索行为的影响

结合前文分析得出的该因素的相关系数可知,接入程度对信息搜索行为产生中等强度相关的影响。通过图4.2反映的信息可以发现,88.45%的人同意或完全同意"我经常使用微博、微信等自媒体",89.33%的人经常打开自媒体平台浏览各类信息,82.66%的人会在旅游前通过自媒体平台浏览相关信息。这说明,绝大多数的旅游消费者对自媒体平台的接入程度非常高,随着手机等移动终端的普及,对大多数消费者而言,他们的自媒体平台接触和使用频率要比传统媒体(报纸、杂志、电视等)高出很多,而这样的高接入程度直接导致了他们的信息搜索行为,也就是说,当消费者产生搜寻信息的需要后,他们首先会更倾向于通过日常使用频率最高的媒介来进行信息搜索行为。因此,接入程度会对旅游消费者信息搜索行为产生影响,具体表现在高接入程度会帮助产生信息搜索行为。

4.3.2 信息质量对旅游消费者信息搜索行为的影响分析

信息质量,是指自媒体平台上信息的吸引力、实用性及时效性。据此,这一维度下共设置了三个问项,它们所表达的意思分别是:第一,自媒体上的旅游信息直观生动,令人向往;第二,自媒体上关于吃住游购等方面的信息详细实用;第三,自媒体上的旅游信息具有很强的时效性。

结合信息质量这一变量的相关系数可知,信息质量对信息搜索行为产生强相关的影响。对于消费者而言,高信息质量会帮助产生信息搜索行为,他们更愿意在自媒体平台上进行信息搜索行为的一个重要原因就是自媒体信息的吸引力、实用性和时效性相对传统媒体上的信息要高得多。但是,通过图4.2反映的信息不难发现,目前旅游消费者对自媒体信息质量的认可程度存在差异,虽然大部分的被调查者对自媒体信息质量持认可态度(同意或完全同意),仍有超过三成的人对"自媒体上关于吃住游购等方面的信息详细实用"和"自媒体平台上关于旅游的信息具有很强的时效性"这两种陈述持一般或否定(不同意或完全不同意)的态度。这说明当前自媒体平台信息质量参差不齐,实用性与时效性仍有提升空间(见图4.3)。

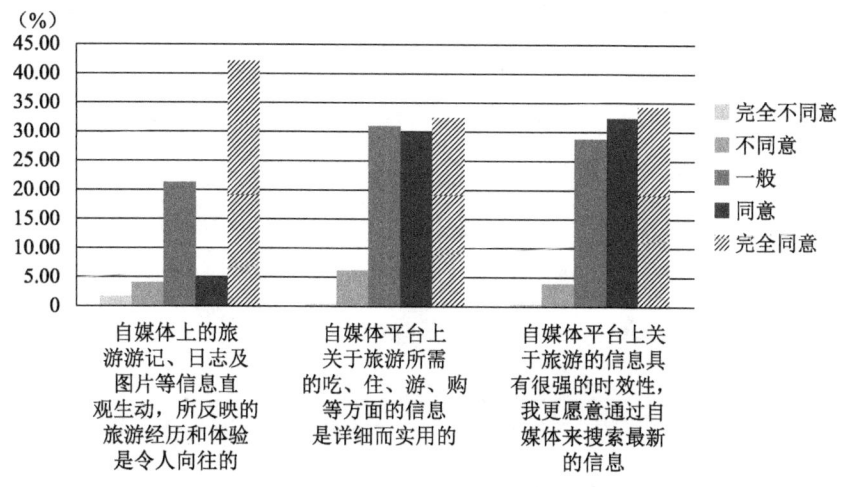

图4.3 信息质量对旅游消费者信息搜索行为的影响

4.3.3 搜索成本对旅游消费者信息搜索行为的影响分析

搜索成本这一概念涉及自媒体的使用成本,包括物质成本(流量耗费)和精神成本(时间与精力的耗费)。据此,问卷设计了两个相关问项:第一,自媒体使用的物质成本低;第二,自媒体使用的精神成本低。

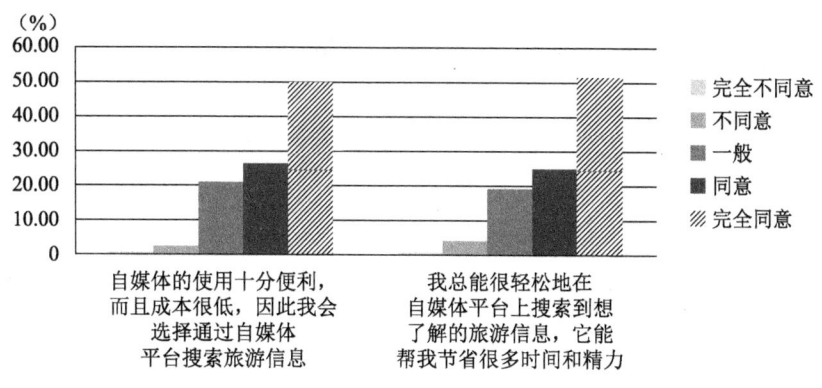

图4.4 搜索成本对旅游消费者信息搜索行为的影响

结合搜索成本这一变量的相关系数可知,搜索成本对信息搜索行为产生强相关的影响。由图4.4反映的信息可以发现,近八成的被调查者对这两个问项持认可的态度,也就是说,大部分消费者认为当前自媒体的使用成本很低,同时,仍有约25%的旅游消费者并不认为他们能够很轻松地在自媒体平台上搜索到想了解的旅游信息,这说明当前自媒体的信息搜索模式可能不足以满足一些旅游消费者的需求。但是,从信息搜索这一过程本身出发,现代科技的进步和互联网的普及使得人们获取信息的方式有了重大改变,通过个人手机移动终端上的自媒体平台搜索信息是简单而高效的(省钱省时省力),因此旅游消费者会倾向于选择自媒体来进行信息搜索,这也证明了搜索成本这一因素对旅游消费者信息搜索行为会产生强相关的影响,具体体现在自媒体以其相对较低的搜索成本促使旅游消费者产生信息搜索行为。

4.3.4 信任程度对旅游消费者信息搜索行为的影响分析

信任程度是指旅游消费者是否相信自媒体平台信息内容及来源。这一维度下问卷共设置了三个问项:第一,自媒体旅游信息是真实的,不存在恶意欺骗;第二,自媒体旅游信息发布者的动机是为方便他人;第三,自媒体旅游信息内容准确。

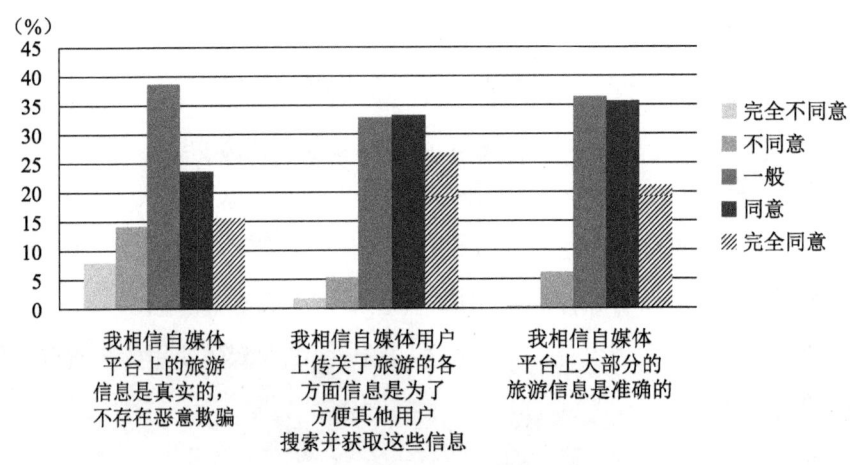

图 4.5　信任程度对旅游消费者信息搜索行为的影响

结合该变量的相关系数,可知信任程度对信息搜索行为产生中等相关的影响,具体体现在旅游消费者是否相信或信任某一媒介的信息内容及信息来源会直接影响他们是否选择通过这一媒介进行信息搜索行为。通过图 4.5 反映的信息不难发现,当前消费者对自媒体平台信息及来源的信任程度并不是太高。60.89%的人对"自媒体上旅游信息真实且不存在恶意欺骗"这一陈述持一般或否定态度,40%的人对"我相信自媒体用户上传旅游信息是为了方便其他用户"这一陈述持一般或否定态度,还有 43.1%的人对"我相信自媒体上大部分旅游信息是准确的"这一陈述持一般或否定态度。对旅游自媒体来说,这些数据反映了目前其信息内容与发布信息的来源缺乏较高的可信度。

4.3.5 感知收益对旅游消费者信息搜索行为的影响分析

感知收益在本研究中的定义是旅游消费者在自媒体平台浏览信息时的感受以及对未来

旅行的预期感知。在这一维度下共设置了两个问项:第一,通过自媒体搜索旅游信息,消费者认为预期旅行会更有收获;第二,自媒体平台上的旅游信息会给人以愉悦的感受。

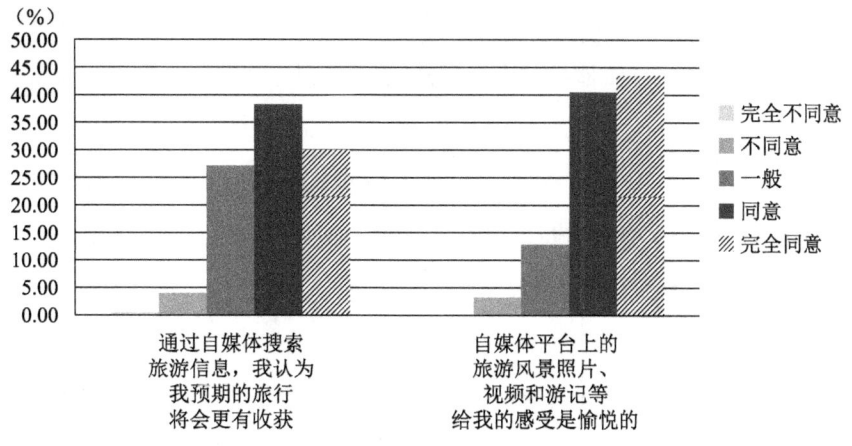

图 4.6 感知收益对旅游消费者信息搜索行为的影响

结合感知收益这一变量的相关系数可知,感知收益对信息搜索行为产生强相关的影响。由图4.6反映的信息可以发现,68.44%的消费者对"通过自媒体搜索旅游信息,我认为我预期的旅行会更有收获"持认可态度,84%的消费者对"自媒体平台上的旅游风景照片、视频和游记等给我的感受是愉悦的"持认可态度,且对这两个问项持否定态度的人数所占比例均少于5%。消费者通过自媒体搜索旅游信息,在这一过程中,他们能够感受到这些信息的内容和呈现方式带来的精神上的愉悦感,同时,通过有目的、有侧重地搜索和收集旅游相关信息,参考有相关旅行经历和经验的其他用户的游后评价,消费者会对自己未来的旅行安排更有把握,从而产生良好的心理预期。这也从一定程度上说明了感知收益这一因素对信息搜索行为产生强相关的影响,具体体现在高感知收益帮助产生信息搜索行为。

5 结论及启示

5.1 研究结论

第一,自媒体的出现改变了旅游消费者信息搜索的途径,对他们的信息搜索行为产生了积极的影响。传统媒体(报纸、杂志、广播、电视等媒体)慢速的单向传播模式以及反馈机制的缺乏已经适应不了当下信息传播的趋势,而自媒体随着手机等移动终端的普及已经深入到消费者的日常生活中,尤其对绝大部分旅游消费者而言,他们在日常生活中的自媒体平台接触与使用频率已远远超过他们的传统媒体接触与使用频率。自媒体以其传播方便快捷、个性化、交互性强大和真正"点对点"传播的特征给传统媒体行业带来了不小的冲击。

第二，自媒体平台及其信息在旅游消费者做出购买决策之前的阶段中扮演着重要的角色。总结以上的研究结果可知，自媒体旅游信息能够给旅游消费者带来较为强烈的心理感受（如愉悦、向往等），这刺激了他们的内在需求，从而使其进行需求的识别；然后，消费者会针对自己的需求去搜索相应的外部信息（即旅游信息）。信息搜索的途径有很多，但他们往往会由于自媒体使用成本低、搜索方便快捷、信息详细实用等一系列原因而选择在自媒体平台上进行信息搜索，也就是产生信息搜索行为；在搜索并收集旅游信息的过程中，旅游消费者会对信息可靠性进行判断，而这一行为也需要通过与自媒体信息发布者进行互动而完成。

第三，本研究探索了自媒体对旅游者信息搜索行为的影响因素，从接入程度（即消费者对自媒体平台的接触及使用频率）、信息质量、搜索成本、信任程度及感知收益这五个维度来研究自媒体对旅游者信息搜索行为的影响情况，得出了高接入程度、高信息质量、低搜索成本、高信任程度与高感知收益对信息搜索行为产生正向影响的结论。同时，结合问卷调查结果分析了目前旅游消费者对自媒体这一主流信息平台的看法和认识，得出了自媒体对旅游者信息搜索行为的影响现状，即目前自媒体平台存在信息质量参差不齐、部分信息来源及内容可靠性不高、信息搜索模式有待改进等问题，而这些问题不利于旅游消费者在自媒体平台上进行信息搜索行为。

5.2 管理启示

5.2.1 对自媒体平台的管理启示

针对当前自媒体平台信息质量参差不齐、信息内容及来源（尤其是自媒体个人用户）可靠性不高等问题，自媒体平台管理者与技术人员应强化自律意识，把关信息质量，对重复发布的商业广告性质的信息进行过滤处理。同时，进一步实行自媒体用户（即信息发布者）身份验证，在普通用户进行信息搜索的过程中优先筛选并推荐已验证身份的自媒体用户所发布的信息，提高信息来源的可靠性。

此外，自媒体平台管理者与技术人员应积极探索并开发更有效的信息搜索模式。例如，对于某些自媒体用户来说，手动输入关键词进行搜索可能会有一定困难，为了优化这一人群的用户体验，自媒体平台可以考虑引入语音数据库，开发语音关键词信息搜索功能；还可以考虑借助图片搜索引擎，通过一定的合作方式开发图片搜索功能。又如，对大部分自媒体用户，尤其是出于一定需求而进行信息搜索行为的旅游消费者而言，提高信息搜索的精确度是增强这一群体用户黏性的有效途径，因此，自媒体平台的技术管理者应着重开发具备信息筛选能力的高级搜索功能（如微博的高级搜索功能），以此来帮助消费者获得更加准确的信息。

5.2.2 对旅游企业的管理启示

旅游企业应意识到,仅仅通过传统媒体进行旅游产品和服务的营销(即营销信息的传播)是远远不够的,为了达到最优的营销信息传播效果,旅游企业就必须实现自媒体化,即通过自媒体平台申请营销账号并发布相关的营销信息,但这还只是最基本的要求。当前许多旅游企业还没有充分认识到消费者信息搜索行为的重要性,而根据本研究得出的结论,自媒体平台上优质的旅游信息能够刺激消费者需求,进而获取这些信息并在互动的过程中进行判断分析,最终将作用于消费者的购买决策行为。因此,旅游企业应充分重视消费者信息搜索行为,做好企业自媒体营销账号的日常运营工作,及时更新有效信息并提高信息质量,与消费者(即自媒体用户)进行互动并收集反馈,将自媒体平台对营销产生的积极作用最大化。同时,旅游企业应主动把握消费者信息搜索趋势(如发起旅游热搜话题来了解消费者变化的旅游需求),为企业的相关营销活动提供信息参考。

5.3 研究局限性

第一,样本的采集数量不够充足,从样本的年龄构成上来看多集中在青年人当中,虽然青年人多使用自媒体平台,也是旅游消费者群体的重要组成部分,但没有详细涉及各个年龄段的旅游消费者,研究结果可能不具有普适性。

第二,研究方法不够全面。在经过初步的文献分析后,采用问卷调查法和统计分析法对主要问题进行研究。而在运用 SPSS19.0 软件进行统计分析的过程中,仅使用了信度分析、效度分析及相关分析这三种方法处理调查得到的数据,相对来说,本文采用的研究方法比较单一,不够全面。

参考文献

[1] Bettman J R. Information processing theory of consumer choice[M]. Boston: Addison Wesley, 1979.

[2] Fodness D & Murray B. Tourist information search[J]. Annals of Tourism Research, 1997(24): 503-523.

[3] Jekins R I. Family vacation decision making[J]. Journal of Travel Research, 1978(16): 2-7.

[4] Kotler. Marketing management analysis, planning implementation and control[M]. New Jersey: Prentice-Hall, 1995.

[5] Kozak M and Rimmington M. Measuring tourist destination competitiveness: conceptual considerations and empirical findings[J]. International Journal of Hospitality Management, 1999: 73-83.

[6] Schertler W, Schmid B et al. Information and communication technologies in tourism[M]. New York: Springer, 1995.

[7] Shayne Bowman & Chris Willis. We Media—How audience are shaping the future of news and information[M]. The Media Center, 2003.

[8] 樊冬平. 微博对旅游决策影响的实证研究[D]. 湖北大学, 2013.

[9] 冯咏. 自媒体时代旅游景区微信营销模式研究[D]. 华侨大学, 2015.

[10] 甘朝有. 旅游心理学[M]. 天津: 南开大学出版社, 1995.

[11] 高婷. 网络自媒体对青年旅游决策的影响研究[D]. 中国海洋大学, 2010.

[12] 郭俊俊. 旅游虚拟社区成员行为对旅游决策的影响研究[D]. 浙江大学, 2008.

[13] 郭克锋. 旅游决策及其影响因素研究[J]. 特区经济, 2009(2): 152-153.

[14] 胡昌平. 信息服务的社会监督（Ⅰ）——信息服务监督的社会化发展与社会监督体系的构建[J]. 情报学报, 2001(6): 336-343.

[15] 胡兴报, 苏勤. 黄山国内旅游者网络旅游信息搜索行为研究[J]. 2011, 34(3): 282-287.

[16] 江林. 消费者心理与行为[M]. 北京: 中国人民大学出版社, 2002.

[17] 江婷婷. 旅游虚拟社区会员评价对旅游决策影响的研究[D]. 安徽农业大学, 2012.

[18] 金丽. 媒体的力量: 旅游者信息获取渠道可信度分析[J]. 合作经济与科技, 2008(5): 40-41.

[19] 李金早. 2015年全国旅游工作会议工作报告[R]. 2015.

[20] 李君轶, 杨敏. 西安国内游客旅游网络信息搜索行为研究[J]. 2010(7): 1212-1216.

[21] 李双双, 等. 消费者网上购物决策模型分析[J]. 心理科学进展, 2006, 14(2): 294-295.

[22] 李雅楠. 自媒体时代传统媒体发展研究[D]. 北京邮电大学, 2013.

[23] 李艳萍. 旅游网络消费者决策及其影响因素研究[D]. 山东大学, 2015.

[24] 林桓. 社会化网络媒体对旅游消费行为影响及营销价值研究[D]. 福建师范大学, 2013.

[25] 刘辉. 自媒体传播活动对我国社会公共决策的影响研究[D]. 渤海大学, 2014.

[26] 罗斌. 网络自媒体研究[D]. 兰州大学, 2009.

[27] 吕兴洋, 刘丽娟, 林爽. 在线信息搜索对旅游者感知形象及决策的影响研究[J]. 2015(5): 111-116.

[28] 莫月. Web2.0的常见形态及传播特点[J]. 开封大学学报, 2006(6): 77-78.

[29] 齐伟杰. 基于感知风险的消费者主观知识对外部信息搜索行为的影响研究[D]. 东北大学, 2013.

[30] 邱扶东. 旅游信息特征对旅游决策影响的实验研究[J]. 2007, 30(3): 716-718.

[31] 邱扶东, 汪静. 旅游决策过程调查研究[J]. 旅游科学, 2005, 4(19): 1-5.

[32] 石浩. Web2.0时代下旅游者参与社会化网络平台对旅游者旅游决策的影响研究[D]. 华南理工大学, 2013.

[33] 石颖颖, 宋爽. 有关传媒在消费者购买决策中影响力的思考[J]. 当代经理人, 2006(15): 136.

[34] 田歆. 消费者使用网络信息源搜寻信息努力的影响因素研究[D]. 浙江大学, 2006.

[35] 汪安圣. 解决问题过程中策略和知识结构的成分分析[J]. 全国第六届心理学学术会议文摘选,

1987:225-226.

[36] 汪永华.基于信息搜寻理论的体育消费者行为研究[D].上海华东师范大学体育人文社会学,2005.

[37] 魏军,苏勤.国外旅游信息搜索研究综述[J].北京第二外国语学院学报,2008(7):23-28.

[38] 薛强,朱远,李颖.影响消费者购前信息搜寻因素的主成分分析[J].大连海事大学学报(社会科学版),2003(6):45-48.

[39] 喻海燕.网络旅游信息态度对旅游决策的影响研究[D].湖南师范大学,2010.

[40] 袁大伟.旅游景区微博营销对旅游者决策行为的影响研究[D].华侨大学,2014:31-36.

[41] 中国互联网发展状况统计报告[M].北京:中国互联网信息中心,2015.

[42] 张弥弭.基于网络自媒体平台的品牌传播模式研究——以微信公众平台为例[D].厦门大学,2014.

论文五

共享经济条件下服务提供方参与动机研究

——以"回家吃饭"为例

(**编者语**:文章分析了共享经济模式下服务提供方的参与动机,并结合马斯洛需求层次理论进行了归纳分析。文章基于"回家吃饭"餐饮共享平台进行研究,使用采访法,选择了20个家厨端进行采访记录,数据整理分析后,对于如何吸引共享经济资源提供方并且维持住这些服务提供方给出了建议和展望。)

指导教师:马双
作　　者:王静
专　　业:酒店管理
完成时间:2016年4月12日

内容摘要

据普华永道(Price Waterhouse Coopers, PwC)预测,到2025年,全球共享经济产值可以达到2300亿英镑,产业规模和发展潜力巨大。在中国,随着优步、小猪短租、回家吃饭等平台的推广,共享经济模式已经一步一步地渗入了人们生活的方方面面。本文集中对共享经济下服务提供方进行动机研究,以"回家吃饭"平台为样本采集数据,希望能为吸引更多的共享资源服务方参与,并维持住共享资源服务方持续参与,为拓展"回家吃饭"的共享资源来源渠道提供有价值的参考。

本文在回顾共享经济、马斯洛需求层次理论等相关文献的基础上,通过访谈法,探讨"回家吃饭"平台上家厨端参与的原因,同时根据需求类型归纳整理,为"回家吃饭"平台吸引不同种类的资源提供方提出建议,以扩大资源来源,促进规模增长。

　　根据数据研究分析,得出结论:①以经济需求为主导的家厨,将"回家吃饭"平台上的共享经济模式作为主要的生活经济来源,平台要让资源提供者能更直观地感受在经济收入方面的改变,同时完善运营系统,给资源提供者一个发展顾客数量的空间。②单纯以社交需求为主导的家厨,开店时间和持续性都很不稳定,但他们看中丰富生活的影响,因而吸引此类资源提供者时,应该要突出共享资源平台的灵活性以及丰富人际交往的作用。③以经济需求和社交需求为主导的家厨,喜爱烹饪,收入中等,所以平台在招揽此类家厨时要突出强调会带来额外收入,且能带来社交生活的改善。④以社交需求和尊重需求为主导的家厨,对"回家吃饭"平台有很强的感情寄托,他们希望通过平台得到他人的尊重认可,若是可以得到很多正面的评论,将有很高的可能持续参与,并且主动宣传共享平台。

关键词:共享经济;回家吃饭;动机研究

Abstract

As Price Waterhouse Coopers(PwC) predict, with enormous potential of outspreading scales, the output value of global sharing economy will reach 2300 pounds until 2025. In China, with the popularization of Uber, Xiaozhu and home-cook, the sharing economy is becoming a part of everyday life gradually. This paper is based on the data collected from home-cook and concentrates on the reasons why people participate in the sharing platform, so that it can offer valued advice to attract more service providers and maintain them.

Based on some literature concerning sharing economy and Maslow's Need Hierarchy Theory, the data analyzing is organized via interviewing methods and reasons why people take part in the sharing economy platform are concluded.

According the data analysis, people, with economic needs, are regarding the sharing economy platform as the economic sources and the platform will be more attractive by showing service providers that they can earn respectable income by joining the sharing economy. People with mere love and belonging needs pay more attention to the enrichment of social life. Therefore, the platform is better to show the positive effect on social life. People with economic and love and belonging needs set cooking as a hobby and have moderate incomes. They hope that the sharing economy can bring them extra incomes and enrich their daily life. Last but not least, people with esteem and love and belonging needs, who view the platform as a way to realize their self-value, attach great importance on their achievements in the sharing economy. They are of great chance to continue working on the platform and to publicize it actively.

Key Words：The sharing economy；Home-cook；Motivation research

1 总论

1.1 研究背景

共享经济作为源于实践的全新经济模式，其理念一经获得共识就在各个行业掀起了创新的浪潮。在信息技术尤其是互联网技术、智能终端技术日趋成熟的背景下，共享经济搭乘"互联网+"的快车，已经渗入到人们生活的各个方面，例如租车业的优步，酒店业的 Airbnb 等。共享经济模式提供的平台，门槛低，贴近生活，信息流通快速且透明程度高，而且带着自己独特的富有"人情味"的共享文化，使得人们越来越习惯于利用自己的剩余资源去达成互利共赢的共享。据普华永道（Price Waterhouse Coopers，PwC）预测，到 2025 年，全球共享经济产值可以达到 2300 亿英镑，产业规模和发展潜力巨大。

1.2 研究价值及目标

共享经济作为新兴的经济模式，学者们的研究还不是很全面，多数集中于共享经济概念的定义，基本盈利模式的探讨和目前的发展趋势，例如出售的是使用权而不是产品本身，支持客户想要出售二手商品的想法，开发未使用的资源和能力，提供维修和保养服务，使用合作消费的方法吸引新用户，并发展全新的商业模式；还有的学者总结出了共享的类型和优势，希望当代公司企业努力转变或借助共享趋势，以及共享经济对于社会文化和社会心理方面的影响，如以分享的美德获得共赢等。可以看出，从服务提供方的角度出发的研究文献少有，而服务提供方作为共享经济模式里的资源供应者，是共享模式发展的基础和动力，还是很有研究价值的。

目前研究共享经济的文献中，具体到公司的多集中于优步、Airbnb 等租车和租房行业，然而如今共享的脚步早已遍布人们生活的各方面，餐饮作为人们生活的重要组成部分，其中自然也出现了共享模式的身影。笔者选择了"回家吃饭"这个典型的共享经济平台进行研究。

"回家吃饭"分为厨房端和客户端，厨房端作为共享资源和服务的提供方，是共享平台上至关重要的一个环节。本文从现有的家厨端切入调查采访，分析家厨端加入的原因，希望能为吸引更多的共享资源提供方参与，并维持住共享资源提供方持续参与，为拓展"回家吃饭"的资源来源渠道提供有价值的参考。

1.3 研究方法

本研究将采取定性研究方法，采用访谈法，通过对"回家吃饭"的家厨端的电话采访，了解家厨方接触到回家吃饭的渠道和参与的动机，以及加入之后的生活变化。张伟(2013)指出，首先，访谈法可获得更为丰富的、广泛的资料，有助于对人的心理活动、教育规范进行多层次、多方面的探索。其次，访谈法能够灵活地、有针对性地开展资料的收集，它可以根据访谈过程的具体情况，灵活地采取各种方法，有针对性地、有效地收集资料。最后，可以保证收集到的研究资料具有较高的可靠性。笔者对"回家吃饭"平台上的北京地区家厨进行随机的抽取采访，共采访了 20 位家厨，每次电话采访的时间在 15 分钟到 30 分钟，针对家厨端使用"回家吃饭"的原因和体验进行聊天形式的问答，并会根据每位家厨不同的情况提出临时问题仔细了解，最后根据每位家厨的回答进行归纳总结，分析共享经济下资源提供方的参与原因。

1.4 研究思路

本文通过关注共享经济发展趋势锁定研究平台"回家吃饭"，并基于"回家吃饭"找出研究目标：资源提供方参与原因，选择以采访法收集数据；查找文献，对共享经济、马斯洛需求层次理论有清晰的概念；确定采访问题进行采访；结合采访数据以及概念理论进行归纳总结，提出分析结论和展望。研究思路基本情况见图 1.1。

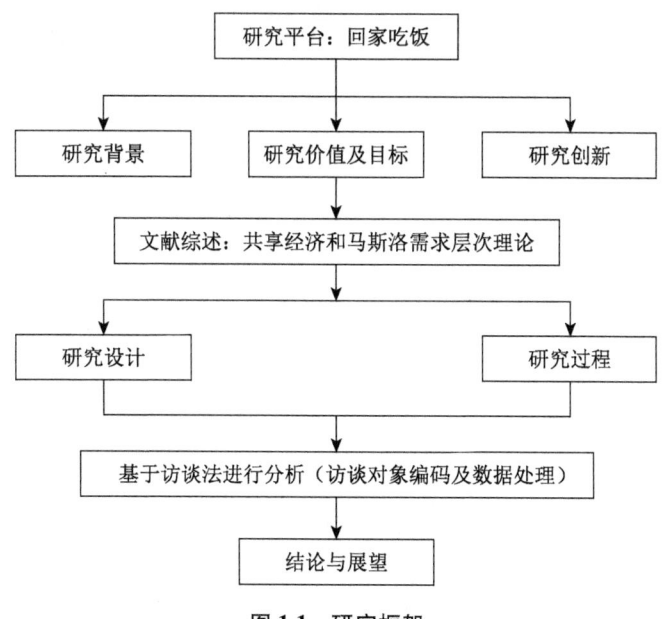

图 1.1 研究框架

1.5 研究创新

共享经济在我国的发展尚属于摸索阶段,且当今对于共享经济中餐饮行业的研究比较薄弱,本文基于"回家吃饭"平台的研究有助于丰富这一领域的研究成果;本文从共享资源供给方的角度出发,探讨共享资源供给方的情况,有利于为今后共享经济方面的研究提供一个新的视角;本文采取电话采访的方式,实行一对一聊天式访问,根据不同情况适时调整,可以为以后的研究调查提供一个新的思路。

2 文献综述

2.1 共享经济

2.1.1 共享经济的理念与发展

"共享经济"的概念,最早是在1978年由美国得克萨斯州立大学的社会学教授费尔逊和伊利诺伊大学的社会学教授斯潘思共同提出的,但这种经济模式并未成型。颜婧宇(2015)提到,到了2010年,英国的一位学者雷切尔·布茨曼出版了关于共享经济的专著——《我的就是你的:"合作式消费"的兴起》,书中预言"合作式消费"会给人们的消费模式带来革命性的转变。雷切尔·布茨曼的观点是,互联网时代的共享方式是可以划分为若干阶段的。代码的共享(例如 Linux)是其首要表现;其次就是我们最熟悉的生活上的共享(例如 Facebook)和内容上的共享(例如 YouTube);再往后是现实世界各种离线资产的共享,例如本文中提到的家厨的剩余资源的共享。美国《时代》杂志当年曾把"合作式消费"列为未来影响世界的十大理念之一,其变革力和发展潜力可见一斑。但是,从1978年到2008年,"共享经济"却缓慢地发展了30年左右,并未成为人们生活的变革者。

汤天波、吴晓隽(2015)指出,共享经济(亦称分享经济、合作消费)是在不同主体间实行共享的经济模式,通过互联网这个快捷的平台将商品、服务、数据或技能等联系起来。他们认为共享经济的核心在于在资源的拥有者和资源的需求者之间能够实现使用权共享或者交易,期间的过程要以信息技术为基础和纽带,分离产品的所有权与使用权,其发展理念基于"人们需要的是产品的使用价值,而非产品本身"。在这个共享和交易过程中,人人既是生产者也是消费者,人们越来越关注产品的使用价值而不是私有价值,偏重共享性而不是独占性。

黄芸(2015)也认为共享经济倡导合作消费的模式,通过第三方平台进行信息物理共享,通过分享自身资源的方式为其他个体和群体提供价值。共享经济有利于减少原始投资成本，带动万众创新的积极性，借助智能手机等移动终端更有助于方便快速地分享资产、资源、时间及技能等，为需求者提供及时服务。

从"占有"变为"共享"，这不仅仅改变了原有的生产消费模式，有利于形成新的供需产业链，而且深远影响到整个社会生产形态。随着人们环保意识增强，"共享经济"的巨大价值会深入到社会生活生产的方方面面，并且提高商品和服务的效用价值。

2.1.2　共享经济的本质

共享经济从本质上总结，就是基于互联网平台的闲置资源有偿分享使用。李麟、冀相豹（2015）提出，这个共享的内容十分多元化，物质资源、生产技能、知识产权、创新意识以及精神文化等无不可以共享。这种占有权与使用权暂时性分离，重点体现在使用权的共享或更深层次上的风险分担。

在经济方面，共享经济模式建立在互联网信息技术平台之上，在最大程度上节省了成本，甚至可以做到让交易或分享成本接近于零的程度。唐清利（2015）提出，共享公司借助互联网技术为供需双方提供信息，这样既可以降低双方的交易成本，也能够避免主要靠购买去满足暂时性分散需求的传统经济模式的浪费弊端。另外，共享经济模式有助于解决临时性的分散雇佣与就业问题。这种模式互利共赢，既降低了双方的成本，增加了双方的福利，也带来了很大的就业灵活性。

在社交方面，共享经济带来了一种独特的共享社交，共享社交不局限于商家与顾客的关系，共享社交中是点对点交易的方式，特点是去中心化和去中介化，即交易双方完全处于平等的位置，按照自己的意愿成交，有助于促使信息更加透明与对称，交易双方更加平等与信任，基于这种平等与信任，共享社交就有了人情味，可以关怀顾客的具体情况私人联系定制，可以互通微信交流爱好想法，甚至有的服务方不为盈利，只为了获得他人的价值肯定，丰富社交人际圈而加入共享经济平台。李麟、冀相豹（2015）提出一种精神分享。共享经济正是体现了社会群体对精神消费和分享的内在动力，Airbnb 模式的成功不仅得益于私家闲置房间要比酒店更便宜，也因为房主可以与租客进行直接的文化交流，实现精神资源分享。由此，笔者也认为，"回家吃饭"模式的成功，不仅在于家常饭菜更加干净放心，而且菜量要比饭馆多，价格要比餐馆低，亦在于与顾客联系的商家更多的时候，是以家人相待的情怀，来给自己家的顾客烹饪饭菜。很多家厨也反映，"回家吃饭"带来了许多同为家厨的好友或顾客好友，极大地丰富了社交生活。

在资源使用方面，唐清利（2015）提出，共享经济模式为盘活闲置的社会资源提供了另一条渠道。我们身边有大量的闲置设备，通过共享平台，这些闲置的设备有效率地投入生产和使用,将大大减少社会资源的重复配置问题,有利于减少资源浪费和更好地保护环境。

2.1.3 共享平台

不拥有一辆车的优步和滴滴打车开发出了共享租车模式,不拥有一间房的 Airbnb 和小猪短租开发出了共享房屋资源模式,此类模式应用在餐饮业,就诞生了不拥有一间厨房的"回家吃饭"一类的"家庭共享厨房"模式。

"回家吃饭"是一个家庭厨房共享平台,在目前美团、饿了么等餐饮外送平台争夺市场、低价厮杀的环境中,有着自己独树一帜的风采和不可比拟的共享优势。"回家吃饭"定位为一个地理定位、共享身边美食的 O2O 平台,致力于挖掘小区里的民间美食达人,以外卖配送、上门自取等多种方式,为忙碌的上班族、在外求学的学生等提供放心可口的家常菜,解决对健康饮食的需求与富余生产力的对接。回家吃饭打出"安心饭菜,邻里共享"的口号,以"让厨艺与爱更有价值"的共享文化理念,召集了上万的家厨参与,也拥有过百万的用户。

"回家吃饭"分为厨房端和客户端,厨房端的使用者都是家在该城市的普通居民,他们可能来自全国各地,各有自己的拿手菜肴,分布在城市的各个小区,他们需要通过互联网向"回家吃饭"平台提出成为家厨的申请,提交健康证、厨房照片等一系列资料,然后在"回家吃饭"的一系列审核之后,会在客户端显示一个自己的小店板块。家厨们需要填写自己的个人信息,编写自己家店的介绍,编制电子菜单,还可以对顾客的评论进行回复等。家厨们自己的手机上还会有一款属于家厨的 APP,里面会显示订单,可以呼叫送餐员,可以看到平台对自己店铺的评分等,除此之外,家厨们要接受平台的一些规定,比如要用统一的一次性餐具,要接受平台管理人员不定时地上门访问等。

2.2 马斯洛需求层次理论

马斯洛需求层次理论(Maslow's Hierarchy of Needs)将人的需求分成五个层次,由低到高依次是生理需求(Physiological Needs)、安全需求(Safety Needs)、社交需求(Love and Belonging)、尊重需求(Esteem)以及自我实现需求(Self-actualization)。每一较低等级的需求都是较高等级的基础,例如生理需求是所有需求的基础。人们在自己生活的每一个阶段,都可能有几种需求是共存的,但是一定有一个需求占据主导地位,对于这个需求的满足会成为激励这个人的最有效的因素。一旦一个层次的主要需求获得满足,占据主导地位的需求会变为更高层次的需求,相应的激励因素也会改变。高层次的需求发展后,低层次的需求仍然存在,只是对行为影响的程度大大减小。此外,马斯洛认为,一个人对尊重和自我实现的需求是无止境的,也就是,尊重和自我实现的激励会永久有效。接下来,就简单分析一下马斯洛需求层次理论在共享经济资源提供方的具体体现。

生理需求是人类最基本的需求，人需要水、食物、休息以及健康等以便存活下去，参与共享经济的资源提供方是剩余资源的拥有者，一般不会以生理需求作为主要需求，所以在本文中就不赘述了。

安全需求是指人身安全、生活稳定以及免遭痛苦、威胁或疾病等方面的需求，这类需求在共享经济的资源提供各方面最突出的表现是经济需求，资源提供方需要利用自己剩余的资源来获取相应的经济收入，维持自己的生活收支，或者追寻更好的生活水平。

社交需求在定义中是对友谊、爱情以及隶属关系的需求。这类需求是许多满足了安全需求的共享资源提供者的下一阶段的主要需求，在他们的社交需求中，不仅仅是一种友谊和隶属关系的需求，还是一种精神上的分享。李麟、冀相豹（2015）提出，共享经济正是包含了社会对精神消费和分享的内在动力，Airbnb 模式的成功不仅在于私家闲置房间要比酒店更便宜，还在于房主与租客可以进行文化交流，实现精神资源分享。不难看出，共享经济平台把供需双方放到了一个平等的位置，双方都付出了自己的信任，且都被对方需要，体现了自己对于他人的价值。具体到"回家吃饭"平台上的"吃的共享经济"，就是"私厨共享"的共享厨房平台通常强调的"家"的概念，家人的理念是双向的，资源提供者和资源共享者都如同对方的家人，互相需要。

尊重需求定义中既包括对成就或自我价值的个人感觉，也包括他人对自己的认可与尊重，有尊重需求的人偏向成就、名声、地位等。这类需求具体到"回家吃饭"的平台上，有一类家厨是突出代表。他们一般具有非常好的厨艺，甚至是专业的厨师，他们把平台上的店铺当成事业来做，他们非常在意客人的评论，对于好评满心欢喜，对于差评刨根问底，他们甚至可以以不营利为代价，换取他人的认可。

自我实现需求的目标是自我实现，或是发挥潜能。达到自我实现境界的人，接受自己也接受他人。这一方面在资源提供方的表现也不明显，所以也不再赘述。

2.3 文献评述

由前述文献可以看出，我国的学者对于共享经济模式也有比较深刻的理解和研究，提出了"共享文化"的概念，并且贴合我国现有的社会情况，这对本文定义共享经济并进行研究设计具有很大的参考意义。但在浏览文献的同时，也发现学者对于共享经济的研究，集中于对租车、租房等软件的模式分析，而对于餐饮方面平台的研究较少，且大多分析共享经济下新兴企业模式的优势与弊端，鲜有从顾客或是资源供给方角度进行研究调查，因而本文希望可以提出有价值的参考。

接下来,笔者会将采访数据结合马斯洛需求层次理论,归纳总结出不同类别的需求主导的资源提供方参与的参与动机,例如单一的需求动机——单纯以社交需求为主导,或是复合的需求动机——以安全需求和社交需求相结合的需求为主导、以社交需求和尊重需求相结合的需求为主导,并且根据多样化的动机,给出多样化的建议。

3　研究方法

3.1　研究方法说明

本文采取定性研究中的访谈法进行研究。访谈法不同于调查问卷,给予被调查者有限的选择和固定的答案框架。访谈过程中,采访者和被采访者以"回家吃饭"平台为基础和主题进行交谈,采访的重点围绕"您是如何得知回家吃饭这个平台的""您当初决定加入回家吃饭的原因""您加入回家吃饭后生活有何变化""在成为家厨端后,您比较开心和不如意的事情"等方面。

本次访谈主要采取电话邀请的形式,由采访者随机选取被采访者,如此,采访者既可以节省精力,快速访问较多的样本,也可以避免双方面对面的尴尬不适,让被采访者可以比较轻松愉快地说出真实的经历。笔者在采访前列出需要采访的重点问题,在采访中以开放式的提问引导被采访者,坚持尊重的原则和开放的态度,把握被采访者交谈中的重点,追问相关细节,循序渐进地深入主题,从而获得了比较完善、真实的访谈资料。

3.2　基于访谈法的研究

3.2.1　访谈对象及编码

本文研究的目的是从家厨端的经历和想法出发,研究共享经济下"回家吃饭"平台上资源提供方加入的原因,因此访谈对象为"回家吃饭"平台上的家厨群。本次研究访谈了20位家厨,访谈对象的基本情况见表3.1。

为了方便后续的资料整理,归纳资料来源,笔者将所收集的访谈资料来源进行编号,男性与女性分开编号。男性采访对象的编号依次为M1,M2,M3,…,M6,女性采访对象编号依次为F1,F2,F3,…,F14。

表 3.1 访谈对象的基本资料

年龄范围	性别	人数
20~40 岁（20 岁及以上）	男	5
	女	7
40~50 岁（40 岁及以上）	男	0
	女	2
50~70 岁（50 岁及以上）	男	1
	女	5

3.2.2 数据处理与分析

本研究通过对家厨们给出的参与原因进行归纳总结，结合文献中的马斯洛需求理论，探讨一下"回家吃饭"平台上资源提供方加入原因的分类。

3.2.2.1 以经济需求为主导

这一类的家厨在采访中透露，有的是双双待业的夫妇，有的是还没有找到工作的毕业生，他们目前没有正式或固定的工作，或是家中收入不高，需要回家吃饭作为主要的经济来源，把"回家吃饭"当作谋生的工作来做，他们会比较计较月交易额、成本控制、毛利率等一些因素，以挣钱为主要目的。

证据 1："（加入回家吃饭是为了）挣零花钱，我就是想着我老公给我的零花钱不够花。我现在不用上班，以前也不用上班。我以前只是想挣零花钱，但是现在没想到成了我家的经济支柱了。" F2

证据 2："家里钱不够了，希望增加收入。加入后，就得比平常更忙碌，事多了，跟家里人的沟通也多了。" F8

证据 3："平常也上班，为了增加收入，加入之后就更忙了。" F11

证据 4："现在也没工作，就想找个工作，后来听人家说，回家吃饭，月入过万什么的，就想挣个钱。"M5

证据 5："原因就是本来就想自己开个铺面，做西餐的东西，现在加入回家吃饭了，就省得自己宣传了呗。改变就是一个礼拜上七天班呗，少了两天休息。有交到志趣相投的朋友，平时在群里瞎聊。" M1

3.2.2.2 单纯以社交需求为主导

这一类的家厨都有一个特征，就是在家中需要带小孩，但是有一定的空余时间，会在不忙的时间段开业，但是要以小孩的事务为主，回家吃饭的事务为辅，加入回家吃饭是为了增加生活趣味性,但是开店时间和持续性都很不稳定,对于回家吃饭也没有很强的感情寄托,但是会看重丰富社交生活的影响。

证据1:"我在家带孙子,他一上学去,我在家就闲了。加入回家吃饭后,就是很忙。" F7

证据2:"在家带孩子方便些,孩子还小呢。(加入后)改变有啊,既可以赚到钱又可以照顾家,还可以照顾孩子的。" F1

证据3:"当初有一定的时间,加上孩子比较小,可以在家照看一下孩子,时间和人的巧合刚好赶一块了,所以就加入了这个平台。认识了一些家厨,平常也在群里聊聊天,还有认识一些饭友,互相交换一下微信,有时候就互动一下,有活动就给他们送一下,还有通过微信催个单什么的。" M4

证据4:"自己在家没什么事,看到回家吃饭的信息,就试着加入了。加入后,生活比较充实,以前就是带孩子。" F13

3.2.2.3 以经济需求和社交需求为主导

这一类的家厨,首先都是喜爱做饭,偶然得知回家吃饭的平台,感觉借助这个机会可以展示自己的手艺,家中经济水平一般中等,成为家厨后可以有一些额外收入,这些额外的收入可以提升一下生活水平,成为促进他们坚持下去的一部分因素,挣钱是他们的部分目的,他们还希望能够丰富社交生活。

证据1:"就是平时做饭朋友们都愿意吃,现在正好有这么个机会又能挣点钱,那就试试吧。加入后是有改变,比如说买东西呀。跟我这吃饭的都成朋友了。" M3

证据2:"一个偶然的机会,我在菜市场买菜时(了解到这个平台),因为我平时也喜欢下厨,又可以分享给其他人,同时还可以挣一些外快,所以就加入了。有一些改变吧,以前我是一般的上班族,接触到回家吃饭后我辞职了,更下定决心往厨师方向发展了。" F5

证据3:一是闲来无事吧,二是通过这个也能增加一些收入。加入平台后,一是不会和社会脱节吧,就是如果一直处于待业状态会和社会脱节,加入回家吃饭后,就能和社会上的人继续沟通,还有就是可以分享一些东西,感觉生活挺充实。" F6

证据4:"机会很偶然,我的孩子在国贸上班,他跟我说,你弄一个回家吃饭吧,你做饭也挺好吃的,所以就下载了一个家厨端。第一周推出了一个菜,就有几单。" M3

3.2.2.4 以社交需求和尊重需求为主导

这一类的家厨,一般是已经退休的中老年男女,通常儿女忙于事业,自己在家中无所事事,或是闲于家中的家庭主妇,除了照顾家里人,有大把的空闲时间。加入"回家吃饭"初始目的是为了消磨时间,后来成为生活中比较有意义的重要部分,喜欢客人对自己的肯定,对"回家吃饭"有很强的情感寄托,会和很多客人或家厨成为很好的朋友,"回家吃饭"上的店铺发展就像是自己的事业发展,是自己价值的一种体现。这类家厨的家中经济情况一般比较富裕,不需要额外的收入来提升生活水平,所以只要不亏本,对于赚不赚钱不是很在意。

证据1:"我有一个同事,他自己一个人住,平时不怎么做饭,经常自己叫饭,后来他就推荐给我说,我也可以用这个叫饭,但是,我们家一般都是我妈做饭吃。妈妈是家庭主妇,弟弟在上初中,所以妈妈在家一般就是照顾我和我弟弟,而且她做饭也挺好吃的,就觉得她平时在家也就是看看电视剧,挺无聊的,然后觉得用回家吃饭这种模式开个店也挺能鼓励到她的,而且我觉得妈妈挺需要一些来自别人的正面的评价,其实家里人很少夸她说做饭好吃之类的话,但是来点饭的顾客就会说,类似于'阿姨做饭特别好吃'之类的话,她就会特别开心,整个人很精神。其实赚多少钱我们真的不是特别在意,她也一直不用赚钱,但是就是希望能通过这个平台给她一些正能量,同时也赚了一点钱让她觉得自己的劳动是有价值的。加入回家吃饭后,有时候也挺忙的,有时候一天没有几单,也会觉得不开心,希望忙起来生活充实点。有一个常客,已经点了十几次了,还和我们住一个小区,已经和我妈妈渐渐成为朋友了。" F3

证据2:"太闲的慌了吧。我以前在公司上班时楼下不是有一块钱吃顿饭嘛,然后我就下了一个客户端点了一份菜,然后觉得挺好的,后来在我们早市边上遇到一个回家吃饭的开发人员,我就跟我朋友一起做了。我们经常会在家厨群里聊。" F9

证据3:"闲着没事,待不住。前一段我们两口子出门了,儿子一个人在家,天天点回家吃饭,我们回来了儿子就建议我也加入回家吃饭。买油盐酱醋都是在门口的京客隆买,买菜就上我们家一个大市场,有时候赶不上就上超市买,原先有一个"美菜",给各大餐馆送菜的,他们配送的米、鸡蛋都挺好的,我也加入这个,让他送上门,还挺方便的。" F10

证据4:"孩子就在北京工作,平常为了照顾孩子就会做好饭,再加上我们老两口都退休了,在家里闲着没事干,为了算是锻炼身体吧。加入后,每天忙于做菜,看看客人评论,看到有好评,心情会特别愉快。" F12

证据5:"我在家闲着没啥事干,又喜欢做饭。和几个老客户成为朋友了。" F14

证据6:"年轻时的梦想是开个自己的饭店,还拜过师傅学艺,现在年纪大了也没事,过去吧因为时代的限制没有开成店,现在在这个平台上也就算开店了吧,想和更多人分享我的手艺,教别人做菜。加入后,有一定的收入,遇到了一些不错的食客,变成了自己微信的好友。" M6

3.2.2.5 分析总结

由以上言论和分析阐述,可以简要总结为表3.2。

表 3.2　家厨分析总结

主导需求	家厨特征	激励因素
经济需求	收入偏低或不稳定	增加经济收入
社交需求	生活单调	丰富社交生活
经济需求结合社交需求	收入中等且爱好烹饪	额外收入,丰富生活
社交需求结合尊重需求	收入较高且追求自我价值	丰富生活,他人价值认可

4　结论与展望

4.1　研究结论与建议

共享经济是新兴的经济模式,具有巨大的发展潜力。在共享经济平台的运营发展中,不仅资源输出端(也就是顾客)重要,资源提供方也是一个重要的环节,资源提供方的意愿和资源是共享经济存在的基础和发展的潜力。笔者选择以"回家吃饭"平台为例,以电话采访的形式随机选取了 20 位家厨进行采访,重点追问家厨们加入"回家吃饭"的动机和加入后的体验,通过对访谈资料的归纳整理,以文本形式呈现访谈内容,并结合文献综述中的马斯洛需求层次理论将家厨们的动机概括归类,最终得出以下结论:

以经济需求为主导的家厨们是期待着共享经济平台能够成为生活收入主要来源的,他们会比较参与共享经济和从事其他活动的收益。在吸引此类共享资源提供者时,要展示共享经济巨大的市场潜力,也要展示收益效益,最好是能够给出一个店铺在不同发展阶段的收益估值,让资源提供者能更直观地感受在经济收入方面的改变,同时系统的体制要完善,比如"回家吃饭"的厨房端 APP 设计和物流配送系统安排,要让家厨觉得平台可以给他提供一个从几十个顾客到几百个顾客的发展空间。

对单纯以社交需求为主导的家厨们,首先要考虑到他们是以回家吃饭作为副业,他们通常会因为照顾孩子等原因而不定时地开店关店,这类家厨的不稳定性很高,其次要突出共享经济平台所能带来的生活方方面面的改变,尤其是在人际交往方面的丰富。因此在吸引此类共享资源提供者时,应该突出共享资源平台的灵活性,进出共享资源平台的门槛比较低,方便快捷,相比较于从事传统餐饮模式,APP 上的电子店铺随开随关,提供的菜单随时更改,成本低,且能快速配合生活节奏的变化;此外,还可以加入家厨圈,更可以与顾客交流往来,丰富人际交往。

以经济需求和社交需求为主导的家厨们，收入会成为他们考虑的部分因素，是参与共享经济的加分项，同时，丰富社交生活这一点也会十分吸引他们，因为很多位家厨的加入基础是在家空闲时间较多，希望能做一些事消磨时间。因此可以将上述的两类建议综合起来吸引此类家厨。

以社交需求和尊重需求为主导的家厨们，比较看中情感上的激励，看中个人与顾客、其他家厨间的情感积累，对平台有很强的情感寄托，是共享文化的突出代表者，他们希望通过平台得到他人的尊重认可，若是可以得到很多正面的评论，则有很高的可能持续参与，并且主动宣传共享平台。在吸引此类共享资源提供者时，如果突出共享经济的人文关怀方面，应该会卓有成效。

4.2 研究局限性与展望

本文的样本是以电话访谈的方式采集，在文本整理过程中出现许多较为口语化的语言，且双方以电话方式间接交流，无法察觉被访问者的言行举止，其中可能会隐瞒一些成为共享资源提供者的原因。另外，本文是根据马斯洛需求层次理论归纳，但是有些家厨的情况较为复杂，可能在归类时有突出有省略。

随着优步、小猪短租、回家吃饭等共享平台的普及，人们已经越来越能接受共享经济带来的思维方式和生活方式的转变了，当越来越多的资源提供方参与时，也就有越来越多的使用者参与，在双方协同努力下，共享经济的潜力会给我们带来更加可持续性的经济发展。

参考文献

[1] 杨天波, 吴晓隽. 共享经济："互联网"下的颠覆性经济模式[J]. 科学发展, 2015(12): 78-84.

[2] 张伟. 质的研究——访谈法探析[J]. 南昌教育学院学报(教育理论与心理学), 2013(28): 123-132.

[3] 颜婧宇. Uber(优步)启蒙和引领全球共享经济发展的思考[J]. 商业研究, 2015(19): 13-17.

[4] 黄芸. 共享经济下物流终端配送模式发展的探讨[J]. 物流平台, 2015(25): 43-44.

[5] 李麟, 冀相豹. 共享经济时代：商业银行面对的冲击及应对策略[J]. 新金融评论, 2015(5): 140-156.

[6] 唐利清. "专车"类共享经济的规制路径[J]. 中国法学, 2015(4): 286-302.

[7] 李文欢. 家庭厨房进入共享经济时代[J]. 互联网经济, 2016(1-2): 40-43.

[8] Kurt Matzler, Viktoria Veider, Wolfgang Kathan. Adapting to the sharing economy[J]. MIT Sloan Management Review, 2016: 71-77.

[9] Fleura Bardhi Giana M. Eckhardt. Access-based consumption: the case of car sharing[J]. Journal of Consumer Research, 2012(12): 881-898.

论文六

共享经济中服务提供方遇到的挑战
以及解决对策探讨

——基于"回家吃饭"平台的研究

(**编者语:**文章以"回家吃饭"平台作为研究对象,利用深入访谈法进行研究,以服务提供方为访谈对象进行访谈,从获得的一手资料深入发掘共享经济下服务提供方所遇到的问题和挑战,并提出了相应的解决策略和建议。)

指导教师:马双
作　　者:谢佳芳
专　　业:酒店管理
完成时间:2016年4月16日

内容摘要

21世纪进入互联网时代以来,互联网给各个传统行业带来了巨大变革。以租车行业和住宿行业的 Uber 和 Airbnb 为两个典型例子,预示着其他传统行业也将迎来共享经济的变革。

本文以"回家吃饭"平台作为共享经济在传统餐饮行业的变革典型为研究对象,利用深入访谈的方法进行研究,以服务提供方为访谈对象,深入发掘服务提供方在使用"回家吃饭"平台中所遇到的问题和挑战,并且提出相应的解决策略和建议。

研究发现,服务提供方遇到的问题和挑战主要有三个方面:(1)服务传递过程的问题(物流问题);(2)平台设置的问题;(3)平台管理的问题。这些问题的出现多是因为平台企业没有以顾客为导向,从服务提供方的角度去理解、服务和满足他们的需求。

本文基于顾客导向理论,建议平台企业做到:(1)规范配送流程,建立信用机制加以监督;(2)以顾客为导向,以人性化完善设置;(3)立足家厨需求,严把质量关。只有意识到服务提供方也是平台顾客中不可或缺的一部分,才能实现对称的顾客导向,才能持续发展壮大。

关键词:共享经济;回家吃饭服务提供方;顾客导向

Abstract

Along with 21th century we enter an Internet era, Internet brings a great renovation to the traditional industries. Sharing economy has come to the Car rental service industry and lodging industry, for examples, Uber and Airbnb are successful models in sharing industry. They indicate that the other traditional industries will join in the sharing economy renovation soon.

"Home-cook" app is a great example of which sharing economy mixed in catering industry. This essay uses an interview method to investigate the problems and challenges that the service offering side (seller side) have met, and offers some constructive strategies and suggestions to the platform firm.

Research found that the problems and challenges that the service offering side (seller side) has met mainly about three aspects: 1) Service transfer process problems (logistics problems); 2) Platforms set up problems; 3) Platform management problems. What causes these problems is that platform firm did not use the customer orientation to understand, serve and satisfy the service offering side's need.

This essay based on customer orientation theory and suggested that the platform firm should: 1) Standard the delivering process, set up a credit system to supervise delivery staff; 2) Base on customer orientation and user-friendly to set up the system; 3) Stand on the seller side, be strict to the quality control. Only when platform firm aware that service offering side is also an indivisible part of customer, can it realize total customer orientation and grow continually.

Key Words: Sharing economy; Home-cook service offering side; Customer orientation

1 引言

1.1 研究背景

21世纪进入互联网时代以来,互联网颠覆了很多传统行业,传统行业的变革与创新迫在眉睫。团购是互联网餐饮的开端,以大众点评、美团等为首的餐饮O2O平台积累了非常多的用户,团购将足够的顾客流量导向了线下商户,但是食客的消费习惯有消费时间集中、有的用户没有时间或者不愿意出门的特点,外卖市场成了互联网餐饮的垂直细分领域,是餐饮O2O新的突破口。据统计,2014年的中国互联网餐饮外卖市场交易规模达到了150亿元左右,体量非常巨大。

近两年来,Uber和Airbnb两个巨头的崛起让"共享经济"一词异常火热,作为共享经济最具代表性的两家企业,Uber和Airbnb分别为出租车业和酒店业带来了变革性的改变,也让人们看到了共享经济在未来的巨大潜力。共享经济这种新的经济模式并不只会在出租车业和酒店业发挥作用,利用人们业余时间和空间的特点,它几乎可以渗透到各个行业,餐饮业就是其中一个。

2014年10月上线的回家吃饭APP,秉承了共享经济的理念,把闲置的资源以低价出售,达到共享互赢。回家吃饭是一个O2O的平台,分别有家厨端和订餐顾客端。订餐顾客端的使用者主要是有点餐需求,且想要享用到家常味道和家乡特色菜品的顾客。而家厨端的使用者正是这种家常菜服务的提供方,他们主要由退休赋闲在家的大爷大妈、家庭主妇以及家里有老人小孩需要照看的年轻爸爸或妈妈组成,这样的家庭厨房遍布整个城区,可以低耗能高效率地为周边提供服务。

回家吃饭作为分享平台的提供方,面对的顾客是双向的,不仅传统意义上订餐者是顾客,家厨端的使用者也是回家吃饭所面向的顾客,而且是一个必不可少的组成部分。因此,站在家厨的角度来设计、规划和管理平台,解决家厨在提供服务的过程中遇到的问题及难处,是回家吃饭成败的关键所在。

1.2 研究价值

首先,共享经济在传统行业的创新与变革在国内还处于探索发展的阶段,在餐饮行业也是崭露头角。中国学者对共享经济的研究主要集中于共享经济的起源与发展(阮晓东,2015)、共享经济的定义与类型(赵斯惠,2015)、共享经济下的商业模式等,对于从服务提供方的角度进行的研究非常薄弱,然而服务提供方作为平台企业不可或缺的一部分十分有研究价值。

目前成文的研究主要以租车平台(Uber等)、民宿出租平台(Airbnb等)为主,但是对于餐饮行业共享经济模式的研究几乎没有,有的只是对"回家吃饭"这种餐饮共享平台出现对传统餐饮行业产生的变革与挑战的预估(徐慧,2015),不足以为餐饮行业的共享经济模式提供参考和指导。本文以回家吃饭为研究对象,参考共享经济及平台管理相关理论,深入探索回家吃饭平台家厨端的设计和管理存在的问题,并提出可行性建议。

另外,本文站在服务提供方的角度,深入探讨了服务提供方遇到的问题及对平台的期盼,为回家吃饭平台做出更人性化的设计和改善提供依据,以求达到长期运营和更好发展。

1.3 研究方法

本文采用定性研究方法,以深入访谈的形式对北京市不同城区的 20 个家厨进行了电话采访。孙晓娥(2012)指出,深入访谈的形式可以让双方建立起一个互信的基础和良好的对话节奏,之后慢慢进入开放式的问题,并对访谈中出现的关键点进行追问,使受访者深入表达意见。

本文的采访采用半结构化的提问方式,从加入回家吃饭的原因开始,到对家厨端使用的体验及感受,以及在提供服务过程中遇到的问题和对平台的期盼,由浅及深,对家厨分别进行了 20~40 分钟不等的访谈,根据家厨的特点和提出的关键点做出更深层次的采访,总结归纳出家厨端平台设计和管理的问题,并反映出家厨所普遍期望的平台设置。

1.4 研究思路

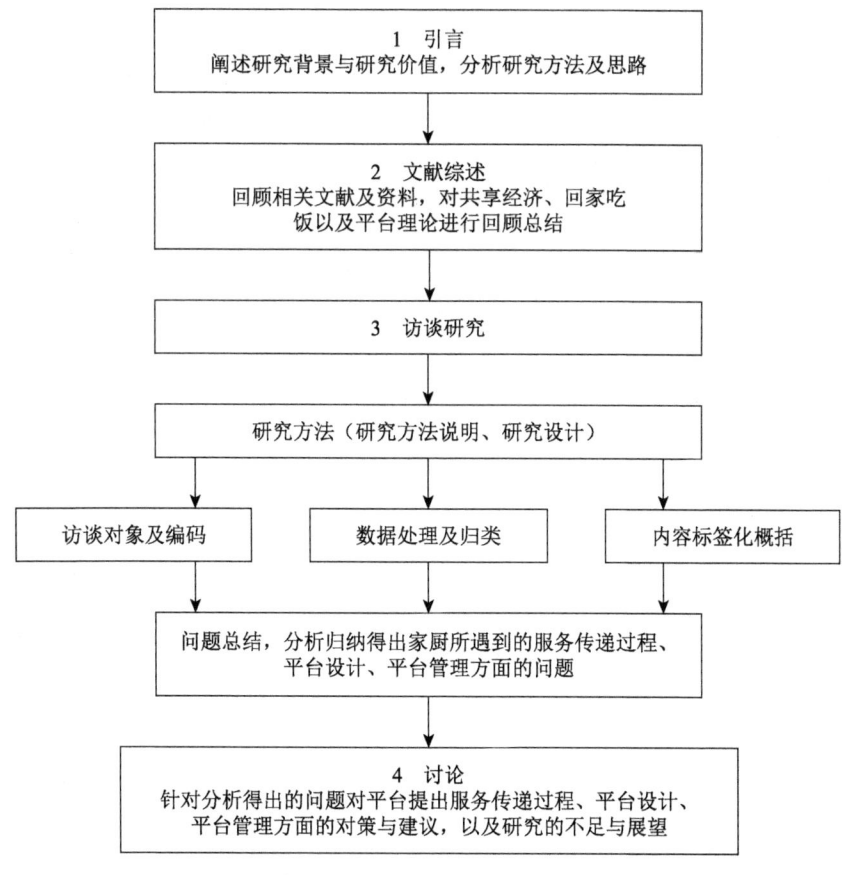

图 1.1 研究思路

2 文献综述

2.1 共享经济

2.1.1 共享经济的定义

近几年来,"沙发客"、拼车、拼房、蹭饭等新兴词汇不绝于耳,人们的生活方式和偏好也在慢慢发生变化:人们出行不再局限于入住酒店,而是可以通过 Airbnb 入住到特色的民房;出门打车也不再是傻傻等在马路边,而是可以通过"滴滴专车"提前约好等车主来接;春运高峰期买不到票也不会客居他乡无法团圆了,而是可以通过互联网联系有车的老乡拼车回乡;连餐饮方面也可以从大众口味的餐厅转向有家乡风味的私厨了。这种生活方式和偏好的变化,势必伴随着经济模式的变革,衍生出顺应时代发展的经济模式。秉承着"我为人人,人人为我"精神的共享经济模式就是顺应时代发展形成的新兴经济模式。

"共享经济"这个概念最早的表达为协同消费(Collaborative Consumption),是最先用来描述这种新经济商业模式现象的词汇,最早出现在《美国行为科学家》杂志上,是 1978 年由 Joe Spaeth 和 Marcus Felson 提出的,从那时候开始学者们就开始对汽车共享进行了研究。之后 Rachel Botsman 和 Roo Rogers 重新定义了这一概念,出版了一本叫《我的就是你的:合作消费正在如何改变我们的生活》(*What's Mine is Yours: How Collaborative Consumption is Changing the Way We Live*)的书,指出共享经济将会给人们的消费方式带来变革性的影响。而共享经济的广泛传播和接受却是在 2008 年全球经济危机之后,有关政策制定者和学者之所以对"共享经济"感兴趣,着眼点不全是普通家庭收入的增加,而是这种新经济模式将对社会财富做出的贡献。

共享经济(Shared Economy)有以下几种相似的阐述方式:"轻资产生活方式"(Asset-light Lifestyle),"合作经济"(Collaborate Economy),"协同消费"(Collaborative Consumption),"对等经济"(Peer Economy),"开放经济"(Access Economy)等。

对于共享经济的定义,笔者比较认可赵斯惠(2015)给出的定义:"共享经济"用于描述一种商业模式,建立于个体资源共享的基础上,通过对等经济、协同消费等模式,实现需求上的对接,使消费者根据实际所需,获取物品资源或服务的使用权。

2.1.2 共享经济的类型

Rachel Botsman 和 Roo Rogers 在研究了大量共享经济的案例后,将共享经济模式分类总结为以下三种类型:

(1) 再分配市场(Redistribution Markets):再分配的商品就是仍有利用价值的物品从原有且不再需求的群体(或地方)转移到对它有需求的群体(或地方)。例如一些二手网站、物品交换网站、拍卖网站等。

(2) 产品服务系统(Product Service Systems):产品服务系统是通过出售产品使用权而不是所有权的形式来获利。例如自行车租赁平台、滴滴专车等。

(3) 协作型生活方式(Collaborative Lifestyles):协作型生活方式是指通过平台的搭建,进行资源的共享和交换等。例如专门做民宿出租的 Airbnb、国内的沙发客等。

回家吃饭属于其中的协作型生活方式,通过平台的搭建,让赋闲在家的退休人员、需要在家照顾孩子或老人的家庭主妇能合理利用时间,将闲置的厨房资源和时间资源合理地利用起来,进行共享和交换。这种协作的生活方式不仅给家厨带来了收益,还让他们的生活丰富起来,自己的价值也得以提升,从而更有成就感。

2.1.3 共享经济的特点

共享经济的特点可以总结为三个英文单词:Platform(平台化)、People(重新发现人的价值)和 Profit(以盈利为目的)。

Platform:共享经济的商业模式不同于传统的商业模式,传统商业的链条式在供求双方的信息方面存在严重的不对称性,而"供给方—平台—需求方"的共享模式省去很多中间环节,供求双方通过平台可以直接沟通,实现轻资产、少雇员。

People:在共享经济的模式下,人的价值重新得到重视。劳动者与平台之间只保持松散的联系:自行安排劳动时间、可以同时接入多个平台、不再受到严格的制度束缚。更重要的是,劳动者是以个人的品牌、信誉提供个性化、非标准的服务,消费者更看重的是建立在用户点评基础上的劳动者个人信誉。

Profit:共享经济的本质在经济上是闲置资源的充分利用,从法学角度看,是使用权的临时有偿让渡。只有每一个共享经济的参与者都得到合理的回报,才能促进共享经济的健康可持续发展。

其中,平台作为共享模式的核心,起到连接着买卖双方的作用。一个双边市场是由两个不同的用户群体和一个供求双方进行买卖交易的平台构成的(Rochet and Tirole,2006),平台是一个互联网的交易接口,作为买卖双方交易的媒介。平台企业与双边市场的关系,有以下三个特点:

(1) 平台企业为双边市场中的焦点企业,在双边市场的形成与发展中起着十分重要的作用。双边市场构成的一个最显著的特点就是有一个供双边用户互动的平台及其运营商,平台企业作为运营商通过管理双边用户互动平台来治理双边市场,可以说是平台企业创造了双边市场。

（2）双边市场的形成和运作离不开双边用户的同时参与。如果没有卖方的参与，买方自然不会参与到平台活动，反之亦然；同时，如果买方的数量和质量越高，卖方参与平台活动的激励与获得的价值也就越高，反之亦然。因此，平台对买卖双方的吸引和激励对双边市场的有效形成和运作至关重要。

（3）平台企业在双边用户间起到媒介作用。平台企业提供和运作的平台，为买卖双方提供一个发现彼此进而进行互动的机会。如果没有平台企业提供的媒介服务，买卖双方很难或者无法接近彼此并进行互动。

2.1.4 共享经济面临的问题

共享经济打破了时空的限制，扩大了交易双方的选择空间和福利空间。通过互联网平台，供求双方可以直接沟通协调，避免了因信息不对称而产生的损失，实现了闲置资源有效利用的最大化。但是伴随共享经济而来的不仅仅是机遇，同时还有很多问题和挑战，需要供求双方和平台企业注意。

（1）海量的参与者规模难以管理

共享经济最主要的基础就是规模，只有拥有了大规模的参与者，服务的提供才能达到快速和有效，才能及时响应消费者的需求，实现服务和价格最优化。但是海量的规模同时也伴随着管理困难的问题。由于规模广泛，参与者的资格审核只能停留在很浅显的层面，对于长时间经营中所产生的变动难以长期进行规范、监督和保障，从而在服务的质量、安全等方面容易出现问题。

（2）参与者面临更大的工作压力

虽然共享经济很大程度上实现了物力和人力的有效利用，但是同时也加大了服务提供方的工作压力。共享经济提供方不需要像在传统企业上班时需要看领导脸色，可以自主安排工作时间和工作量，这样的自由吸引了一部分企业工作者辞去工作投身到这样的自由行业中。但是在享受自由的同时，他们也迎来了收入不稳定、工作无保障的问题。他们失去了传统企业所提供的医疗保险、养老保险、团队间的互助、同事之间的友情等，这些失去的看似没有什么，但其实给参与者增加了很大的精神压力。

（3）参与者对企业组织的使命感和责任心易缺失

共享经济与传统的企业组织不同，组织虽然没有彻底消失，但是企业组织与参与者之间没有很强的雇佣关系，无法对参与者进行有效的激励和灌输理念。这将导致参与者对于组织的使命感降低，当双方只剩下利益关系时，参与者对企业的责任心就难以保障，导致服务的质量和安全也难以保障。

回家吃饭平台也正面临着这样的问题。服务提供方覆盖整个城区,数量规模之大让平台难以对每个家厨都规范管理,从而对于服务质量和安全方面的控制也是力不从心。如何让服务提供方的工作和收入得到保障,吸引更多的家厨加入平台,保障提供方数量和质量的长期稳定是一个严峻的问题。如何对服务提供方进行平台理念的灌输,如何让家厨朝着同一个目标把平台发展壮大,以及如何让他们提高责任心,保障服务质量和安全,都是摆在回家吃饭平台面前的巨大难题。

2.2 顾客导向理论

Archer 和 Gebauer 定义顾客导向为平台致力于理解、服务、满足顾客(买卖双方)的需求。在一个 B2B 平台公司,顾客导向表现为定制交易界面、提供技术支持、提供工作流程支持系统来满足一个特定行业中买卖双方的需求(Archer and Gebauer,2000)。

顾客导向由两部分构成,一个是对称的顾客导向,另一个是非对称顾客导向。

(1)对称的顾客导向是指平台公司达到一种程度,就是致力于理解、服务和满足它的顾客,不论是买方还是卖方,它反映了满足买卖双方的需求是平台运作的前提,因为买卖双方都是平台不可或缺的顾客(Hagiu,2007;Rochet and Tirole,2006)。平台对买卖双方的顾客导向协同一致反映了一个平台关系的观点——相互依存(Kumar, Scheer, and Steenkamp,1995)的交换系统。相互依存的出现是由于平台依靠买卖双方获得收益,所以它必须保持买卖双方对称的顾客导向,进而提高买卖双方的交易效率(Bakos,1991;Wang and Benaroch,2004);同时也因为平台号召每一方(买方或者卖方)的潜在顾客都会部分取决于另一方交易对象的质量。

(2)非对称顾客导向就是平台理解、服务和满足一方顾客比另一方要多,导致重心向一方偏移。

也就是说,对称的顾客导向适用于平台两端买卖双方之间相互匹配,能够通过平台进行直接的接触和交易的经济模式;而这种非对称的顾客导向对于传统的商业模式中不直接接触互动的买卖双方有一定的效果,但是对于共享经济中买卖双方通过平台直接进行接触交易的模式却不适用。

传统商业模式中分销商把上游供应商和下游顾客分隔成了两个群体,尽管这两个群体会有间接的相互影响(Wuyts and Geyskens,2005),上游的卖方(也就是制造商)跟下游的买方并不直接进行交易。相反,共享经济平台在交易关系的中间起着一个媒介作用,把卖方和买方直接联系在一起,其经济价值就是从双方的互动体现出来的(Hagiu,2007)。因此,共享经济平台的核心价值就是买方或卖方从平台获得与另一方交易的途径,高品质的买方或者卖方是激励双方进行交易的因素，如果买方或者卖方缺失会使买卖双方都脱离平台（Evans，2008）。由于平台的收益来自买卖双方，所以相互依赖的程度提升，保持以顾客导向提高买卖双方的交易效率尤为重要（Bakos，1991；Wang and Benaroch，2004）。因此，买卖双方都是共享经济平台的顾客，都应该以顾客为导向去服务买卖双方。

综上所述，共享经济平台作为一个促进买卖双方直接进行互动交易的媒介，应该采用对称的顾客导向，将买卖双方的需求、难处、局限匹配起来，综合考虑和解决，以求找到一个相互妥协和满足的解决方案，从而保证买卖双方的交易顺畅，进而达到平台的持续发展和壮大。

2.3 文献小结

首先，在共享经济提出以及广泛接受之后，企业要做到的就是不断探索当今消费者的偏好及习惯，顺应共享经济时代要求，分析和定位自己所属的共享经济类型，并探索适用于特定行业的共享经济商业模式，不断创新调整。

其次，平台企业在抓住共享经济带来的巨大机遇的同时，也要认清共享经济所带来的诸多问题和挑战。在认清自己所面临的问题之后，才能有效地找出突破点，解决问题，突破困境，从而保障企业的长久发展和壮大。

最后，平台企业应明确服务提供方的重要性，只有吸引和保持大规模高质量的服务提供方，解决服务提供方所遇到的问题和挑战，才能实现高覆盖、高效率的服务体验，才能吸引更多的消费者，实现更高的经济效益。然而要想解决服务提供方所遇到的问题和挑战，就要采用对称的顾客导向，在满足消费者需求的同时更要充分重视服务提供方的需求，以为买卖双方提供一个高效、便捷、零摩擦的交易接口为目标，优化服务提供方平台的设置和管理，规范服务提供传递过程，提高服务提供方的顾客满意度，以求平台得到长远发展。

3 访谈研究

3.1 研究方法

3.1.1 研究方法说明

半结构化访谈即根据一个粗线条的访谈提纲（仅提出基本要求并拟出核心问题）进行非正式访谈，根据访谈时的实际情况，及时调整访谈的具体问题和方向（杨超等，2014）。半结构化访谈与问卷调查的一问一答不同，不仅能深入了解研究对象真实的想法和需求，获得鲜活的第一手资料,在提问和追问的同时更能激发双方的思考,进而得到更深入的了解。

在进行访谈之前,笔者根据对共享经济以及平台理论的文献进行的归纳总结,以及查阅回家吃饭平台的相关资料,发现服务提供方(家厨端)对于平台的扩张和发展具有重大意义,从而确定了以家厨端的用户作为研究对象。

在对家厨端的用户群体特征进行简单的判断之后,设计了访谈主线。主要围绕"你觉得回家吃饭平台怎么样?有什么问题或者是值得改进的地方吗?""你觉得每次做饭和送餐最不方便的地方在哪里?""你觉得回家吃饭平台对于食品安全有监管措施吗?"等开放式问题进行访谈,尽量不禁锢采访对象的思维,以得到最真实的想法。

3.1.2 研究设计

笔者在2016年3月分别对散布在北京不同城区的家厨进行抽选,尽量使样本涵盖主要年龄段,最终抽选出20个家厨。

访谈主要采用电话访谈形式,对20个家厨进行了20~40分钟的采访,问题由浅及深,从最开始的"你从什么时候开始加入回家吃饭?每日的订单情况到对回家吃饭平台使用的感受",以及在服务传递过程中遇到的难处。同时把握好访谈的气氛,以一种轻松愉快的聊天式氛围进行探究。在了解了家厨使用平台的感受之后,根据情况对家厨说出的问题询问他们对平台设置及管理的希冀,充分了解家厨眼中完美的平台应该是什么样子的,以求给平台实践顾客导向提供一个依据。

3.2 基于访谈法的研究

3.2.1 访谈对象及编码

本文的访谈对象为20个北京不同城区的家厨,年龄分层从50后到90后每个阶段的都有,男女比例为7:13。对访谈对象进行编号,男性家厨为M1,M2,M3,…,M7,女性家厨为F1,F2,F3,…,F13,以便进行区分(见表3.1)。

表3.1 访谈对象基本资料

年龄分层	性别	人数
50后	男	0
	女	2
60后	男	2
	女	3

续表

年龄分层	性别	人数
70后	男	0
	女	2
80后	男	5
	女	5
90后	男	0
	女	1

3.2.2 数据处理与分析

采访中由于每个人的表达方式不同,笔者将采访中的关键词进行概括分类,例如"配送问题""配送物流""送餐太麻烦""送餐不太方便"等统一理解为物流配送问题。同时一些细节的表述归纳为"抢单、接单、挑单、配送时间、达达配送员覆盖范围、配送速度和质量、配送员态度、送餐员只有利益没有责任"等,归纳为服务传递过程中的物流配送问题;"配送时间(提前一小时预订)、配送区域选择、配送距离、同一时间点餐次数、平台调整频率高"等归纳为平台设置问题;"售后不太管用、没有食材供应链、餐盒有损坏、食品安全监管力度不够、靠家厨自觉"等归于平台管理问题(见表3.2、表3.3、表3.4)。

表3.2 配送过程出现的问题

问题具体体现	证据	提到频率
送餐员在订单少的时候不看配送距离直接抢单;在订餐高峰期挑单,不接偏远单子;太久不接单等导致送餐时间过长,降低满意度	M2:我采用过送餐员,送餐员是这样的,在这个区域比较集中,离他不远离我也不远,这个地方一下有三四家(单子),他才会接单,而且很快,但如果只有一家,又很远,他就会不接单,有时候还得等他接单,有那个时间还不如自己转一圈了。 M4:大部分是用达达配送。年底的时候就没人抢单了,天冷就没人干了,现在达达上的订单不多了,他们就秒抢,他不看地址,自己都不认识就先把单抢了,有的时候离的有三四公里,平台上是按距离排序的,如果没有单子很远的也排第一个了,所以他们有的抢了以后就发现送不了,就耽误了。 M6:一般送餐员送,他们接单不及时,客户会反映送餐送的晚了。	不看距离直接抢单:1次 接单慢:4次 不接偏远单:4次

问题具体体现	证据	提到频率
配送员覆盖范围不够广，有的地区没有配送员	F5：难解决的问题就是配送的速度达不到，平常我做饭婆婆送餐，我们管庄这边没有达达的配送员，送餐过程中遇到很多问题。 F13：传媒大学这边找不到人送餐，五环外没有人配送，咱们就只能自己做自己送。	2次
配送员配送速度慢，因为配送会凑单，等几个单子一起送	F1：自己送保证东西是热的交到顾客手里，但是配送就保证不了，因为他们不只接这一个单，有时候会凑几个单子一块儿送。	1次
配送员配送质量不高，餐盒压坏或者汤汁倒出，不能保证送到是热的	F10：用平台送，送餐员送的餐多了，有时会把菜弄洒。 F11：一般送餐员送。最近餐盒压烂的问题挺多。	2次
配送员态度不够好	M1：现在忙的时候就得叫快递配送，人家送的时候态度肯定没有你那么好。	1次
自己配送速度慢，高峰期忙不过来	F9：一般都是自己送，我家这边没有快递，在高峰期有点忙不过来。	2次

表 3.3 平台设置上出现的问题

具体问题体现	证据	提到频率
配送时间（提前一小时预订）不合理，订餐高峰期无法在一小时内完成服务	F1：订餐时间都集中在十二点，我觉得平台应该把时间改一下，别规定在一个小时，不然家厨根本忙不过来，最起码一个半小时或者两个小时。有的一个人就点七八个菜，来不及。	5次
配送区域选择、配送距离设置不够人性化，不够智能	M1：配送区域不能很智能地选择，我想选择一个我方便送的地方，但是并不能这么选，必须得选一个圈的范围，而且距离只能设置成1公里、0.5公里或者1.5公里，不能选1.1公里或者1.2公里，还有可能想把A大厦划出去，但是我需要B大厦（A、B大厦都在范围圈内），但是我现在做不了。 还有配送距离的问题，一开始的时候设置的是直线距离，后来设置成智能导航距离，这些都是存在问题的，比如说直线距离九十米，智能导航就变成了两公里多，送的时候就存在问题。智能导航也存在问题，很多地方他都导不对，比如说把人家地址搞错了，所以导得很奇怪。还有就是虽然导的是这个距离，但是要去就要越过二环或者三环，走起来就比较复杂，其实配送时间也很长。	1次

续表

具体问题体现	证据	提到频率
同一时间点餐次数没有限制,导致家厨高峰时段忙不过来	M1:(平台)设置的这个同一时间点点餐的次数也是不合理,比如说我十一点半这个时间,点我家的有四五单就差不多满了,但是平台不会拦截,有的客人都点一个时间,还不能拒绝,因为拒绝会影响在顾客搜索的排名,这都是问题。	1次
平台调整频率高,让人难以适应	F12:平台还在调整,调整的频率很高,一会儿加一个功能,一会儿换一个页面。比如说加了家厨的月销售量,但是又不准,今天还200单,明天怎么就变成190单了,综合评分、关注什么的很多细节不准确。而且对于家厨端也有很多功能变动,每次变动都像是一个新的东西要去学。 F1:平台这个钱别涨得太快了,很多家厨都受不了,得一点一点往上涨。	2次

表 3.4　平台管理问题

具体问题体现	证据	提到频率
售后不太管用,对家厨帮助不够	M4:公司售后不太管用,公司对家厨的帮助不大。	2次
没有食材供应链,不能帮助家厨节约成本,保证食材质量	F5:蔬菜食材夏天很便宜利润空间比较大,但冬天菜价贵利润就很低,平台如果能联系食材的批发商,送货上门,则既能保证蔬菜的质量,又能让家厨花比较低的价格,保证冬天的菜品利润。	1次
餐盒有损坏	F1:平台的餐盒很多是坏的,也挺贵的,8毛钱一个,我现在有二十多个坏的。 F9:在回家吃饭上定的餐盒,但还是会出现餐盒破损。	3次
食品安全监管力度不够、靠家厨自觉	F5:监管不够,都是靠家厨自觉。 M7:(食品安全)关键看家厨自己,(平台)有规定,但是家厨落不落实要看自己,监管无法保证每一道菜。	4次

3.2.3　问题总结

(1)在服务传递过程中,家厨主要遇到的就是配送问题,很多家厨都选择自己配送,原因就是回家吃饭平台没有自己的配送团队,而是嫁接到第三方配送平台——达达配送,这样在管理上就会出现很多问题。高峰期单子多的时候配送员会根据远近、密集度来挑单凑单,单子少的时候就会盲目抢单,导致配送时间耽误;同时在追求速度和数量的时候,配送的质量和态度就会降低;达达配送的覆盖范围没有回家吃饭广。

（2）在平台设置的过程中，设计者没有很好地站在家厨的角度看待问题，在设置提前预订及送达的时间方面没有考虑到家庭厨房的特性（很多家厨是处理食材、做饭、配送全程一个人进行）；在配送距离和配送区域选择上不能很智能地满足家厨需求；同一时间点订单没有限制，导致家厨忙不过来，拒单代价太大；家厨大多为退休老年人，平台调整太频繁会对他们的使用形成负担。

（3）平台对于餐盒质量管理不够严格，会打击家厨对餐盒的信心；售后和客服对家厨提出的问题没有很好地说明或者处理，对待家厨提出的建议反应滞后；对食品安全监管力度不够，基本靠家厨自觉（见图 3.1）。

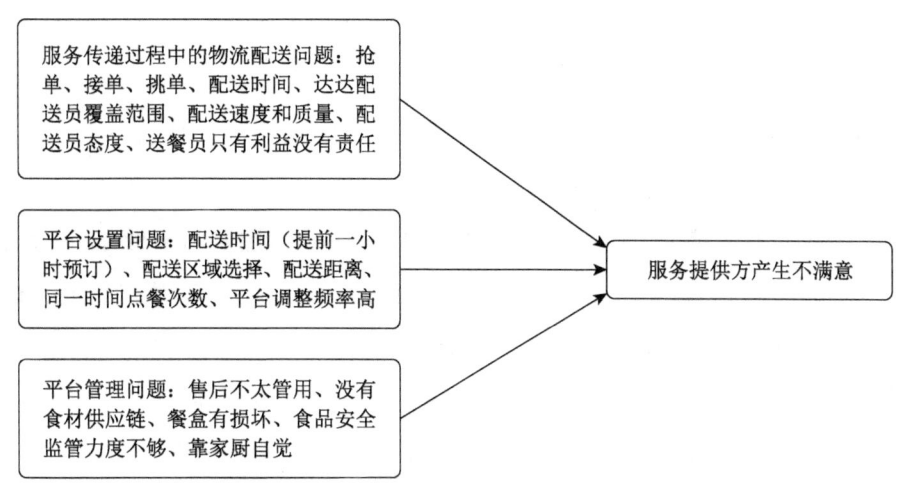

图 3.1　导致服务提供方不满意的原因

4　讨论

4.1　对策与建议

4.1.1　对服务传递过程的建议：规范配送流程，建立信用机制并加以监督

（1）信用机制监督，赋予配送责任

平台应与第三方配送团队（达达配送）进行协商，规范配送流程，对于抢单、挑单、凑单等现象进行严格规范，建立信用机制并加以监督。例如，在单子少而配送员多的情况下，抢单的前提是要看清配送地带和距离，如果抢了超出自己配送范围之外的单子，在其配送信用上相应地减分作为惩罚；对于在自己配送范围内的单子，如果在自己可以送餐的情况下，超过10分钟没有接单的也要在信用机制里相应地做记录，当这种情况超过一定数量以后也应对

配送员进行相应的惩罚。

(2) 赏罚并进,促进正面发展

有罚有赏才是信用机制管理能够保持长期运行的良策。对于配送员的配送质量和态度,也可以用信用机制进行激励。回家吃饭平台与达达配送之间的信息应该是共享的,而不是分离的。回家吃饭平台在顾客评论中挖掘和监督顾客对家厨的评价的同时,也应把对配送员的评价提取出来,如果配送员得到顾客的认可,送餐快,态度好,那么这样的评价就应该反映到达达配送平台上,对送餐员进行信用奖励,评出"微笑之星""速递之星""稳妥之星"等,并对他们的信用升级。有了这样正面的激励措施,送餐员的服务质量一定会往正面的方向发展;同时有了这样的信息共享,平台之间就能进行沟通,在互相扶植下共同壮大。

4.1.2 平台设置方面的建议:以顾客为导向,以人性化完善设置

(1) 分时段调整提前预订时间,平衡协调供给双方时间

提前预订时间根据不同时段的情况应该有不同设置,上午十一点之前和下午两点到四点之间时段,属于非订餐高峰,订餐时间可以设置为一小时,这段时间家厨有能力从接单到送达整个过程在一小时之内完成;而上午十一点到下午两点和下午四点到六点这段时间,属于就餐高峰期,如果时间还设置在一小时就不合理了,应适当加长为一个半到两个小时,给家厨充足的时间准备菜品,以保证菜品质量和满意度。就餐高峰期预订时间加长,也有助于激励顾客提前订餐和降低高峰期对送餐速度的期望值,以获得较高的满意度。

(2) 智能设置配送距离及区域,合理分布以求资源整合

充分了解家厨的需求,优化对配送距离和区域的设置。那种以家庭厨房所在地为原点,一定距离为半径画圈的方法虽然对于一部分家厨可取,但是也有一部分家厨由于道路和位置的关系,对前往划定范围内的一部分区域是存在困难的,对于这一部分家厨的需求,需要平台进行更人性化的设置,提供更多的划定配送范围方法的选择,避免一些家厨受到这方面的困扰。

(3) 高峰期点餐单数限制,分散过于集中的订餐需求

对于订餐高峰期单个家厨同一时间点的接单数量制定一个上限,当同一时间点订单数量达到这一峰值时,平台可以允许家厨根据实际情况进行拒单,免除相应的惩罚措施。这样的设置有利于家厨在订单高峰期灵活地控制订单数量,从而有充足的时间来准备菜品,同时也能把订餐需求分散到其他有富余时间的家厨上,达到资源的合理利用。

(4) 平台调整目光放长远,多方因素全面考虑

由于家厨端的使用者很大一部分来自退休老年群体,他们对于智能手机软件的操作和学习存在困难,因此频繁地调整会对他们带来很大的负担。平台在需要进行必要调整时眼

光应当放长远,应预测调整后的情况,综合多方面因素后再进行调整,同时奉行从简为优的原则,尽量简化平台功能的使用难度,适应老年群体的使用特点。

4.1.3 对平台管理方面的建议:立足家厨需求,严把质量关

(1)提高售后和客服的服务质量,倾听家厨心声

分布在各个区域的售后应当多到家厨家里走访,在检查厨房环境和食品安全的同时,应当多询问家厨遇到的困难并听取其建议,归纳汇总到公司,以便进行有效的处理。公司客服在遇到家厨的咨询时应当耐心详细地解答,包括家厨的评星制度、家厨的信用机制等,只有让家厨了解了该努力的方向后,家庭厨房才能得到更好的经营和运转。

(2)严把餐盒质量关,增强家厨信心

对于规定家厨使用的平台餐盒一定要质量合格,运输过程中造成的无法避免的破损应当及时为家厨更换,以增强家厨对餐盒的信心,保证餐盒在平台的长久使用。

(3)加强食品安全监管力度,对"信任=长久"理念进行灌输

共享经济所特有的"大范围全民资源共享"让食品安全的监管很难进行,只能靠"信任+自觉"来约束服务提供方。回家吃饭平台应当时常向家厨传达"信任+长久"的理念,同时也应加强对家庭厨房的抽查,特别是订单量居于前列的家厨,监管力度应该加大。

(4)加入食材供应链,实现产业链条式发展

随着平台的不断扩大,加入的家厨也越来越多,对于食材的需求剧增,同时也凸显了一条新的商机。平台可以发展自己的食材供应商,以较低的价格大批量批发食材,通过物流配送到各个有需要的家庭厨房。这样不仅能保证食材的质量,也解决了家厨外出零购买高价食材的问题,同时也能开发一个新的产业链条。

4.2 研究局限与展望

本研究采用半结构化访谈形式收集数据,进行数据整理时出现大量口语性表述,对问题的总结和概括造成了困难。同时很多家厨为"50后""60后",对于平台的使用不是很熟练,因此能够说出的问题很有限,并且对于提问的问题理解可能存在偏差。

本文只是基于家厨端的角度进行研究,不能很全面地反映整个平台的问题。后续的研究可以尝试从顾客角度、平台工作人员的角度进行更全面的研究,或者是对其他共享经济餐饮平台进行对比研究,例如"蹭饭""妈妈的菜"等,以便为共享经济在餐饮行业更好地发展提供理论支持。

参考文献

[1] Botsman R & Rogers R. What's mine is yours: How collaborative consumption is changing the way we live [J]. Majeure Alternative Management, 2010.

[2] Rochet & Tirole. Two-sided markets: A progress report [J]. RAND Journal of Economics, 2007, 37 (3): 645-667.

[3] Matzler K, Veider V & Kathan W. Adapting to the sharing economy [J]. MIT Sloan Management Reiew, 56(2).

[4] Buvik, Amt and George John. When does vertical coordination, Improve industrial purchasing Relationships? [J]. Journal of Marketing, 2000, 64 (10): 52-64.

[5] Hagiu, Andrei. Merchant or two-sided platform? [J]. Review of Network Economics, 2007, 6 (2): 1-19.

[6] Kumar, Nirmalya, Lisa K Scheer, and Jan-Benedict E M Steenkamp. The effects of perceived interdependence on dealer attitudes [J]. Journal of Marketing Research, 1995, 32(8): 348-356.

[7] Bakos, Yannis J. A strategic analysis of electronic marketplaces [J]. MIS Quarterly, 1991, 15(3): 295-310.

[8] Wang, Charles X and Michel Benaroch. Supply chain coordination in buyer centric B2B electronic markets [J]. International Journal of Production Economics, 2004, 92 (2): 113-124.

[9] Wuyts, Stefan and Inge Geyskens. The formation of buyer-supplier relationships: Detailed contract drafting and close partner selection [J]. Journal of Marketing, 2005, 69 (10): 103-117.

[10] Evans, David S. The economics of the online advertising industry [J]. Review of Network Economics, 2008, 7 (3): 359-391.

[11] Bakos, Yannis J. A strategic analysis of electronic marketplaces [J]. MIS Quarterly, 1991, 15 (3): 295-310.

[12] 孙玥璠, 杨超. 外部董事选聘与培训制度研究——基于半结构化访谈的国内外对比分析 [J]. 北京工商大学学报（社会科学版）, 2014(5): 58-64.

[13] 阮晓东. 共享经济时代来临 [J]. 新经济导刊, 2015(4): 54-59.

[14] 赵斯惠. 基于O2O视角的共享经济商业模式研究 [D]. 北京: 首都经济贸易大学, 2015.

[15] 陈应龙. 双边市场中平台企业的商业模式研究 [D]. 武汉: 武汉大学, 2014.

[16] 徐慧. 家庭厨房借APP挑战传统餐馆 [N]. 中国食品报, 2015-06-12.

责任编辑：果凤双

图书在版编目（CIP）数据

酒店管理专业本科生论文集．第二辑／冉小峰主编．--北京：旅游教育出版社，2017.5
（酒店管理专业学生科研系列丛集）
ISBN 978-7-5637-3560-0

Ⅰ．①酒…　Ⅱ．①冉…　Ⅲ．①饭店—商业企业管理—文集　Ⅳ．①F719.2-53

中国版本图书馆CIP数据核字（2017）第090384号

酒店管理专业学生科研系列丛集

酒店管理专业本科生论文集（第二辑）
冉小峰　主编

出版单位	旅游教育出版社
地　　址	北京市朝阳区定福庄南里1号
邮　　编	100024
发行电话	（010）65778403 65728372 65767462（传真）
本社网址	www.tepcb.com
E-mail	tepfx@163.com
排版单位	北京旅教文化传播有限公司
印刷单位	北京京华虎彩印刷有限公司
经销单位	新华书店
开　　本	787毫米×1092毫米　1/16
印　　张	10.25
字　　数	156千字
版　　次	2017年5月第1版
印　　次	2017年5月第1次印刷
定　　价	35.00元

（图书如有装订差错请与发行部联系）